창의설계 능력을 키우는

아두이노 코딩

박신성 지음

光文閣
www.kwangmoonkag.co.kr

머리말

우리는 수많은 기계와 전자 장치 속에서 살고 있습니다. 이러한 장치를 잘 이해하고 사용하거나 만들려면 논리적인 사고와 창의적 설계 방법이 필요합니다. 논리적 사고란 논리적 형식에 부합하는 추리나 판단으로 사리에 맞게 생각하는 것을 말합니다. 우리가 새로운 지식을 배울 때는 이해력이 필요하지만, 아는 지식을 바탕으로 주어진 문제를 해결하려면 반드시 논리적인 사고가 필요합니다. 이러한 논리적인 사고를 바탕으로 현실에서 마주치는 문제를 스스로 정의하고, 문제를 해결하는 과정을 개인이나 팀 활동을 통해 수행하여 해결하는 과정을 창의설계 과정이라고 한다면, 이 교재는 창의설계 과정에서 활용할 수 있는 유용한 내용과 다양한 문제를 제시하고 있으며, 참고할 수 있는 해결 과정을 같이 설계하고 코딩해 보는 실습하는 과정을 담고 있습니다.

이 교재의 전반부에서는 고도의 문명 사회에서 절실히 요구되는 기계와의 소통에 대한 설계 방법에 대한 이해를 코딩이라는 관점에서 직관적인 흐름도를 사용하여 쉽게 접근하여 설명하고 있습니다. 그리고 교재의 후반부에서는 빛과 소리 그리고 로봇의 움직임을 제어하는 재미있고 다양한 코딩 실습을 통해 창의적인 사고로 주어진 문제를 논리적인 방법으로 직접 설계하고 해결해 나가는 체험을 할 수 있도록 구성하였습니다. 또한, 교재에서는 다양한 실제 응용 예제를 중심으로 창의설계 과정에서 팀 프로젝트 진행에 도움이 되는 내용들을 모았습니다. 이 교재를 출판해 주신 광문각출판사 박정태 회장님과 임직원분들께 감사드립니다.

저자 씀

목차

CHAPTER 01 논리적 사고를 향상시키는 창의설계 코딩

CHAPTER 02 창의설계 코딩 키트와 스케치로 코딩하기

CHAPTER 03 하드웨어를 제어하는 코딩 실습

CHAPTER 04 창의설계 코딩 키트로 기본 주행하기

CHAPTER 05 창의설계 코딩 키트로 컬러 불빛을 비추자

CHAPTER 06 박수를 쳐서 창의설계 코딩 키트 LED 깜박이기

CHAPTER 07 창의설계 코딩 키트로 멜로디 연주하기

CHAPTER 08 구역 내에서만 창의설계 코딩 키트 움직이기

CHAPTER 12 스마트폰으로 창의설계 코딩 키트 조종하기

CHAPTER

01

논리적 사고를 향상시키는 창의설계 코딩

교육 목표

코딩(Coding)의 개념을 주변 생활과 연계하여 친숙하고 흥미롭게 인식한다. 또한 사람의 언어와 비교하며 프로그래밍 언어의 개념을 쉽게 인식한다.

주요 키워드

코드, 설계, 코딩, 프로그래밍, 알고리즘, 프로그래밍 언어, 논리, 창의성

CHAPTER

01 논리적 사고를 향상시키는 창의설계 코딩

1 코딩이란?

하루가 다르게 엄청난 양으로 늘어가는 우리 주변의 수 많은 물건들을 어떻게 관리해야 쉽게 분류하고 빨리 찾을 수 있을까요? 통기타를 연주할 때 어떤 화음으로 반주를 할지 노래책 악보에 어떻게 표시하나요? 그리고 컴퓨터 통신에서 "Hello!" 라는 문자를 어떤 방법으로 전송할까요?

이러한 물음들에 대해 인류는 다양한 모양과 체계의 코드(code)를 설계하고 개발하여 사용하고 있으며, 더욱 효과적인 방법들을 새롭게 고안하며 발전시키고 있습니다. 이러한 코드를 알게 모르게 거의 항상 사용하고 있는 우리는 이제부터 코딩이라는 관점에서 스마트폰이나 PC 또는 자동차와 같은 주변의 기계에 대해 더 잘 이해하고, 나아가 직접 자동차나 탱크 로봇과 같은 기계를 우리 의도대로 제어하고 동작시키는 다양한 내용의 문제를 이해하고 창의적으로 설계하며, 논리적인 코딩으로 구현하고 또 수정하면서 개선하는 실습을 진행합니다.

먼저, 코딩이 뭔가를 알려면 먼저 코드가 뭔가를 좀 더 살펴보아야겠죠? 우선 다음 이미지들을 잠시 살펴봅시다. 아래 이미지들은 순서대로 바(bar) 코드, QR 코드, 기타 코드, 모스(morse) 코드, 아스키(ASCII) 코드 그리고 프로그램 코드를 보여주고 있습니다. 네, 이들은 모두 코드이며 각각 뭔가에 해당하는 정보를 전달하기 위해 사용됩니다. 즉, 코드란 어떤 정보를 전달하기 위해 사용하는 기호나 그림 등을 의미하는데, 우리가 앞으로 배우고자 하는 내용에서 말하는 코드란 어떤 정보를 다른 형태로 변환하는 규칙을 의미합니다.

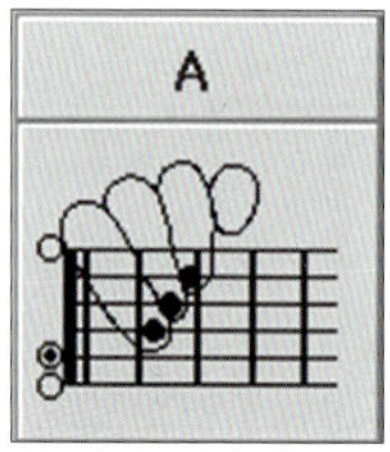

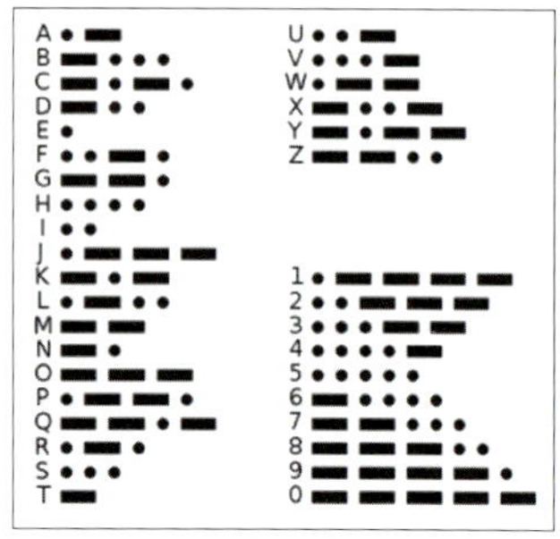

The ASCII code

American Standard Code for Informatio

ASCII control characters			
DEC	HEX	Simbolo ASCII	
00	00h	NULL	(carácter nulo)
01	01h	SOH	(inicio encabezado)
02	02h	STX	(inicio texto)
03	03h	ETX	(fin de texto)
04	04h	EOT	(fin transmisión)
05	05h	ENQ	(enquiry)
06	06h	ACK	(acknowledgement)
07	07h	BEL	(timbre)

```
edgecount = 0;
for j = 1:nnb
   for k = j+1:nnb % symmetry saves work: k > j
      if A(nb(j),nb(k))
         edgecount = edgecount + 1;
         disp('I found an edge !');
      end
   end

end
```

그럼, 코딩(coding)이란 뭘까요? 영어의 진행형인 "~ing"가 붙은 것으로 보아 코딩이란 코드를 "진행하는" 것이 됩니다. 다시 말하면, 코딩이란 코드를 만드는 과정이나 행위를 말합니다. 그렇다면 약간은 사전적 의미가 되겠지만, 우리가 만든 코딩의 첫 번째 정의는 다음과 같이 말할 수 있겠습니다.

코딩이란 어떤 정보를 다른 형태로 변환하는 규칙을 만드는 과정이나 행위이다.

우리가 살펴본 여러 가지 코드의 보기에서 알 수 있듯이 우리가 인식하든 못하든 이미 우리 생활 주변에는 수 많은 종류의 다양한 코딩들이 행해지고 있다고 할 수 있습니다. 예를 들어, 우리가 규격화된 편지 봉투에 받을 사람의 우편번호와 주소를 적는 것도 어느 지역으로 분류되어 어느 집으로 배달되어야 할 지를 알려주는 코딩 과정이라 할 수 있습니다. 이 외에 어떤 코드들이 있을까요? 그리고 왜 그런 코드를 만들어 사용할까요?

우리 주변에서 사용할 새로운 코드 체계를 하나 설계해 봅시다.

2 코딩과 프로그래밍

"코딩"이 코드를 짜는 과정과 행위를 말하듯, "프로그래밍(programming)"은 프로그램(program)을 짜는 과정과 행위를 말합니다. 그렇다면 코딩과 프로그래밍은 어떻게 다른 걸까요?

"코딩"과 "프로그래밍"의 차이에 대한 의견은 전후 문맥과 사람에 따라 약간씩 다를 수 있습니다. 예를 들어, 영어 문장을 모스 코드로 바꾸거나 또는 영어 문장을 C나 java 코드로 바꾸는 등의 언어 변환 위주의 작업을 "코딩"이라고 하는 반면, 알람 시계를 일어날 시간에 맞춘다든가 보일러 온도를 설정하거나 라디오 채널을 설정하는 등의 기계가 어떤 결과 동작을 실행하도록 하기 위한 지시 과정을 설정하는 작업을 "프로그래밍"이라고 엄격하게 구분하여 말하는 경우도 있습니다.

하지만 특별한 경우가 아니면 일반적으로 코딩과 프로그래밍은 같은 의미로 많이 사용되고 있으며, 우리 교재에서도 "코딩"과 "프로그래밍"을 명시적으로 특별히 구분하여 말하는 경우 이 외에는 코드와 프로그램을, 그리고 코딩과 프로그래밍을 같은 의미로 사용합니다. 그리고, 앞에서 살펴본 다양한 분야의 코딩 중에서도 우리가 이 교재에서 특별히 관심을 가지고 다루고자 하는 분야는 컴퓨터와 관련된 코딩입니다. 그래서 우리가 앞으로 사용할 코딩의 개념을 다음과 같이 정리하고 넘어가기로 합니다.

코딩이란 컴퓨터에게 내리는 제어 명령 등의 코드를 만드는 과정 및 행위이며, 프로그래밍 언어로 작성된 프로그램을 만드는 과정 및 행위를 말한다.

3 왜 코딩을 배워야 하나요?

프로그래밍으로 유명한 스탠포드 대학의 도날드 카누스 교수는 "문학적 프로그래밍"이라는 책에서 코딩, 즉 프로그래밍을 "예술"이라고 표현하였으며, 또 어떤 사람은 "상상"이라고 표현하였습니다.

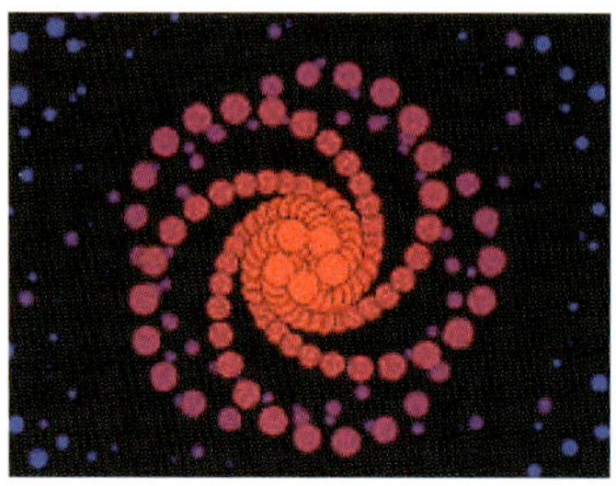

또한 많은 유명한 사람들이 "그 누구나", "선택이 아닌 필수로" 코딩을 배워야 하는 시대가 되었다며 여러 가지 방식의 표현으로 코딩 교육의 중요성을 거듭 강조하고 있습니다. 그들은 어떤 이유로 그런 표현들을 하였을까요?

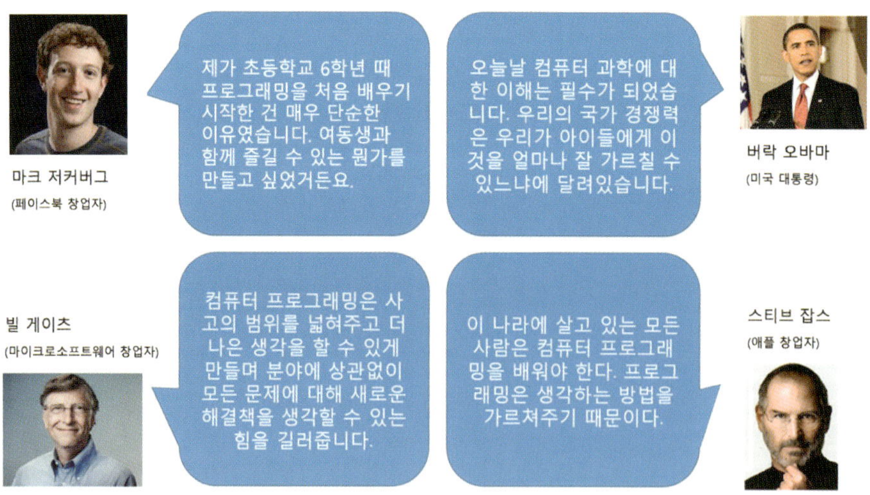

다음 이미지는 영국인 성인 2002명을 대상으로 "어떤 과목을 아이들에게 가장 우선시해서 가르쳐야 하는가"라는 설문에 대한 응답 결과를 백분율로 보여줍니다.

즉, 컴퓨터 코딩 과목이 다른 외국어들 보다 코딩이 더 중요하다는 결론입니다.

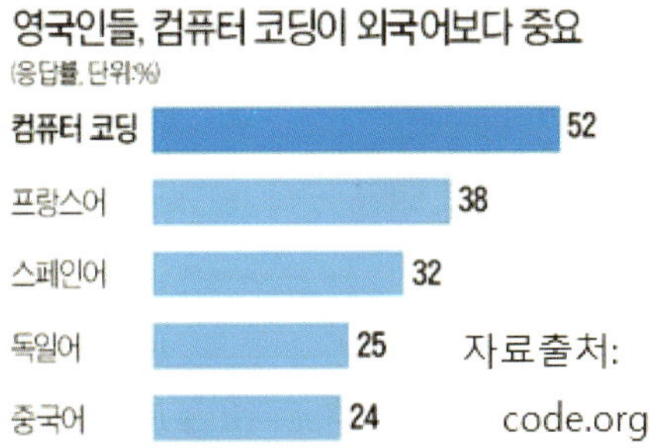

과연 코딩이 왜 그렇게 중요하다는 걸까요? 또, 왜 누구나 배워야 한다고 했을까요? 프로그래머가 될 사람들만 배우면 되는 것 아닐까요?

4 코딩은 논리력과 창의력 증진의 열쇠

1994년에 이스라엘은 소프트웨어 과목을 정규과목에 포함했으며, 2009년 일본도 소프트웨어 교육을 필수 과목으로 지정했습니다. 얼마 전 영국에서는 청소년 교육 과정의 12개 정규 과목 중 영어 수학 과학 스포츠와 더불어 컴퓨터과학이 5개 필수 과목 중 하나로 지정되었습니다. 컴퓨터 교육이 단순히 좁은 의미의 코딩 기술만 가르치는 것이 아니라 논리적 사고, 알고리즘에 대한 이해, 데이터 분석 등의 능력을 종합적으로 길러주는 효과를 가지고 있다고 판단하기 때문입니다. 참고로, 우리나라에서도 2015년부터 중학교를 시작으로 2017년과 2018년에 초등학교와 고등학교의 수업 과정에 코딩 과목을 필수로 배우게 된다고 합니다.

MIT 미디어 연구소의 미치 레스닉(Mitch Resnick) 교수는 다음과 같은 창의 컴퓨팅의 학습 모형을 제안하고 있습니다. 이 창의 컴퓨팅의 학습 모형은 다음 그림에서 보듯 나선형 형태로 반복하면서 점점 더 발전해 나간다는 개념입니다.

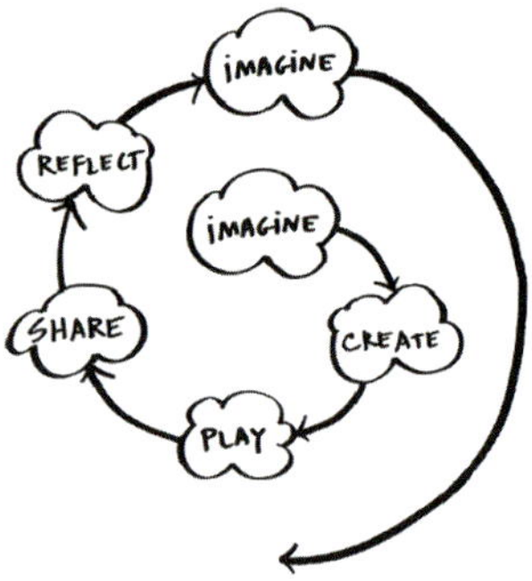

- 상상하기(Imagine): 기존의 생각에서 한 단계 더 발전된 상상을 함
- 창조하기(Create): 상상한 내용을 구체적인 사물 등으로 완성함
- 적용하기(Play): 자신이 만든 내용을 실험하고 여러 활동에 적용함
- 공유하기(Share): 과정과 방법을 공유하고 토론
- 반영하기(Reflect): 자신의 경험을 다시 생각하여 반영함

한편, 이런 창의 컴퓨팅의 학습 모형을 우리가 배우는 과목에 적용해 본다면 다음과 같이 수학이나 과학에서 배운 개념을 이해하여 시각화 하거나 실제 사물에 적용해 보고, 그 내용을 서로 공유하고 토론을 거쳐 보다 발전된 이론이나 방법을 찾아가는 과정이라 할 수 있습니다.

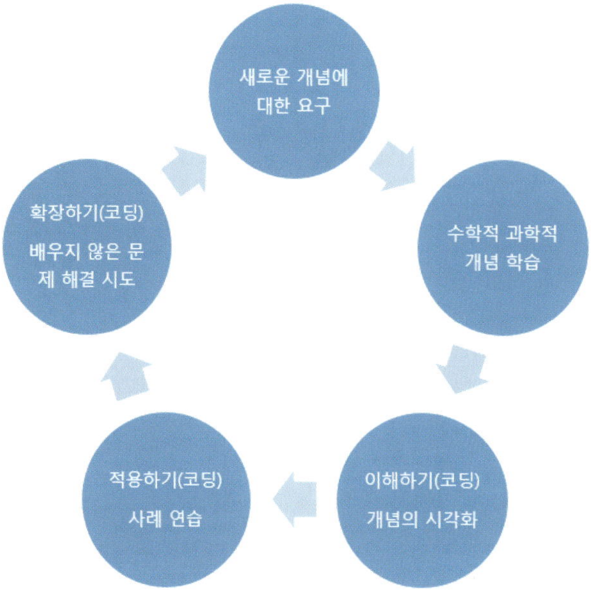

이렇게 코딩은 새로운 과목이라기 보다는 다른 과목에서 배우는 내용과 연계하여 문제를 스스로 찾아 해결하는 방법을 찾고, 그 과정과 내용을 공유하고 협업하면서 스스로 느끼고 터득하게 해 줍니다. 그러면 한 단계 더 높은 수준에서 다시 새로운 문제를 찾아 해결해 나갈 수 있는 능력이 생기게 되죠. 이 방법이야 말로 논리력과 창의력을 높일 수 있는 핵심 방법이라고 할 수 있습니다.

> 만약 미치 레스닉 교수의 창의 컴퓨팅의 학습 모형에서 5가지의 요소 중에서 어느 한 가지가 빠진다면 학습 모형의 결과나 효과에 어떤 영향을 미칠까요?

5 알고리즘이란?

코딩을 이야기 할 때 알고리즘에 대한 이야기를 빼 놓을 수 없습니다. 코딩과 알고리즘은 서로 아주 밀접한 관련성이 있습니다. 사실 알고리즘의 개념도 알고 보면 별거 아닌데요, 그럼 알고리즘이 무엇인가를 이해하기 위해서 다음과 같은 간단한 문제를 생각해 봅시다.

문제

다음 그림에서와 같이 거북이가 한 변의 길이가 각각 100m인 사각형 운동장 둘레를 한 바퀴 돌아서 다시 원래 위치로 되돌아오도록 하세요. 단, 거북이가 바라보는 방향도 처음과 마지막이 동일한 방향이어야 합니다.

자, 이 문제를 어떻게 해결해야 할까요? 바꾸어 말하면 이 문제를 해결하기 위한 방법을 어떻게 설계해야 할까요?

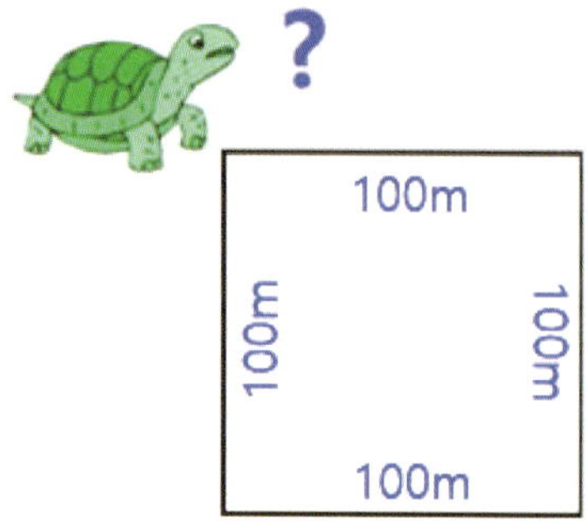

해결 방법은 무척 간단하죠?! 네, 간단히 말하면 다음 그림처럼 사각형의 각 변에 대해 100m 따라가서 모서리에서 오른쪽으로 90도 회전하기를 차례로 계속하면 처음 위치로 되돌아옵니다.

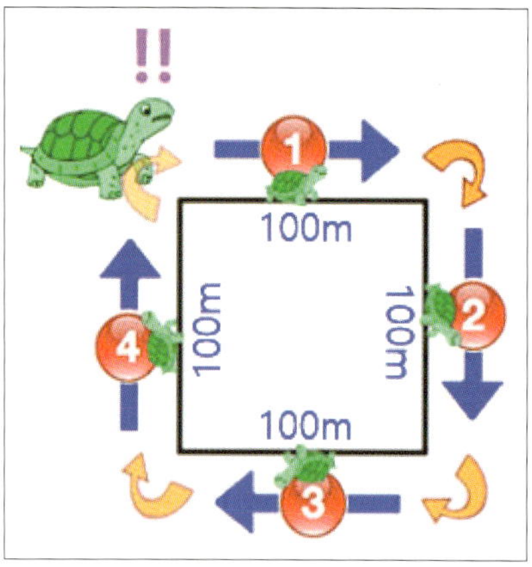

이 해결 과정을 순서에 따라 차례로 좀 더 자세하게 나열하면 다음과 같은 문장으로 표현할 수 있습니다.

> "100m 직진한 후에 오른쪽으로 90도 회전하고, 다시 100m 직진한 후에 오른쪽으로 90도 회전하고, 다시 100m 직진한 후에 오른쪽으로 90도 회전하고, 다시 100m 직진한 후에 오른쪽으로 90도 회전한다."

이 방법은 위에서 주어진 문제에 대해 우리가 처음으로 생각해보는 첫 번째 해결 방법입니다. 이처럼 문제에 대한 해결 방법을 잘게 쪼개어 순서대로 나열한 것을

"알고리즘(Algorithm)"이라고 합니다. 그래요, 우리가 바로 위에서 문장으로 표현한 첫 번째 해결 방법이 우리가 처음으로 만들어 본 알고리즘이 되는 셈이죠. 어때요? 알고리즘도 알고 보니 별거 아니죠?!

알고리즘이란 문제의 해결 방법을 잘게 쪼개어 순서대로 나열한 것이다.

그러면 문장으로 표현한 알고리즘을 좀 더 파악하기 쉽도록 표로 정리해본다면 다음과 같이 표현할 수 있습니다. 이것은 표로 만든 알고리즘이라 할 수 있습니다.

순서	작업 진행 내용	참고 내용
1	100m 직진한다.	1번째 변의 둘레 100m 돌기
2	오른쪽으로 90도 회전한다.	
3	100m 직진한다.	2번째 변의 둘레 100m 돌기
4	오른쪽으로 90도 회전한다.	
5	100m 직진한다.	3번째 변의 둘레 100m 돌기
6	오른쪽으로 90도 회전한다.	
7	100m 직진한다.	4번째 변의 둘레 100m 돌기
8	오른쪽으로 90도 회전한다.	

또한, 이 과정을 도식화하고 그림으로 나타내어 또 다음과 같이 표시할 수도 있습니다. 이것은 그림으로 만든 알고리즘이라 할 수 있습니다.

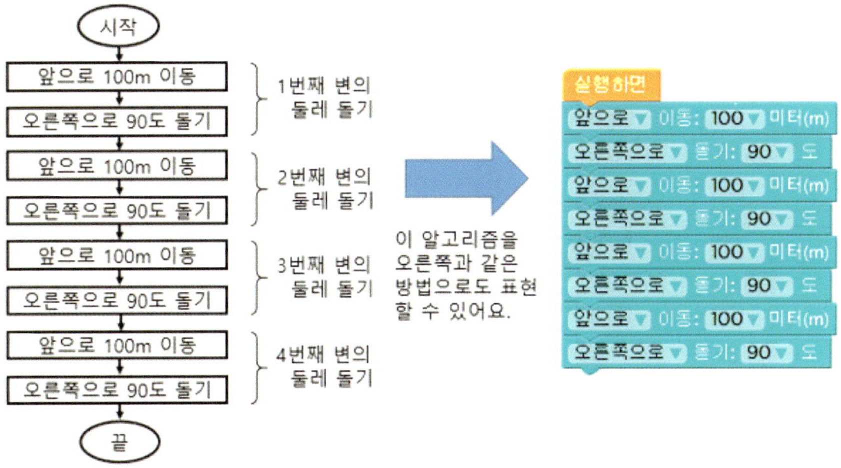

그런데 위의 해결 방법, 즉 우리가 설계한 첫 번째 알고리즘을 살펴보면 처음의 두 가지 작업인 "앞으로 100m 이동"하고 "오른쪽으로 90도 돌기" 작업이 계속해서 3번 더 반복되어 모두 4번이 반복됨을 볼 수 있습니다. 이렇게 같은 내용의 작업이 반복되는 부분을 모아서 정리해보면 다음과 같이 좀 더 간단하게 설계할 수 있습니다. 즉, 우리가 만드는 두 번째 알고리즘을 문장으로 표현하면 다음과 같습니다.

> "100m 직진한 후에 오른쪽으로 90도 회전하기를 4번 반복한다."

어때요? 정말 간단하고 보기 좋죠?! 그리고 이 멋진 두 번째 알고리즘도 다음과 같이 표로 보여주거나 또는 기호나 이미지로 도식화하여 다음과 같이 보여줄 수 있습니다.

<table>
<tr><th>순서</th><th>작업 진행 내용</th><th>참고 내용</th></tr>
<tr><td>1</td><td>100m 직진한다.</td><td rowspan="2">N번째 변의 둘레 100m 돌기
(N= 1, 2, 3, 4)</td></tr>
<tr><td>2</td><td>오른쪽으로 90도 회전한다.</td></tr>
<tr><td>3</td><td>위의 1~2번 순서를 3회 더 반복한다.</td><td>모두 4번 진행</td></tr>
</table>

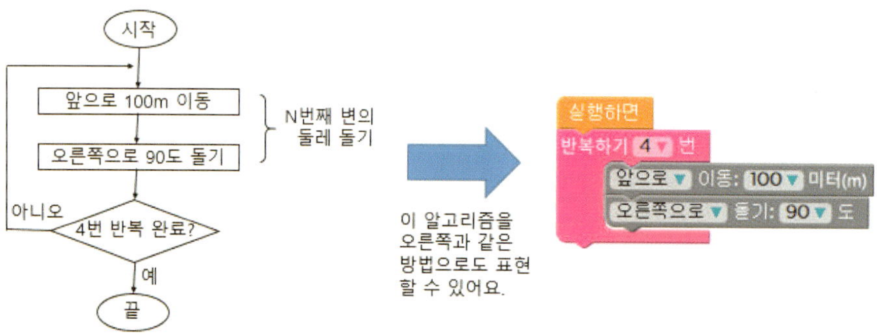

확실한 이해를 돕기 위하여 이와 비슷한 예를 하나만 더 살펴보죠. 바로 1부터 100까지 더한 합을 구하는 다음의 문제입니다.

문제

자연수 1에서 100까지의 수를 모두 더한 합계를 구하시오.

이 문제를 풀 때 다음과 같이 좀 전에 배운 반복시키는 방법을 바로 적용하여 해법을 설계할 수 있습니다.

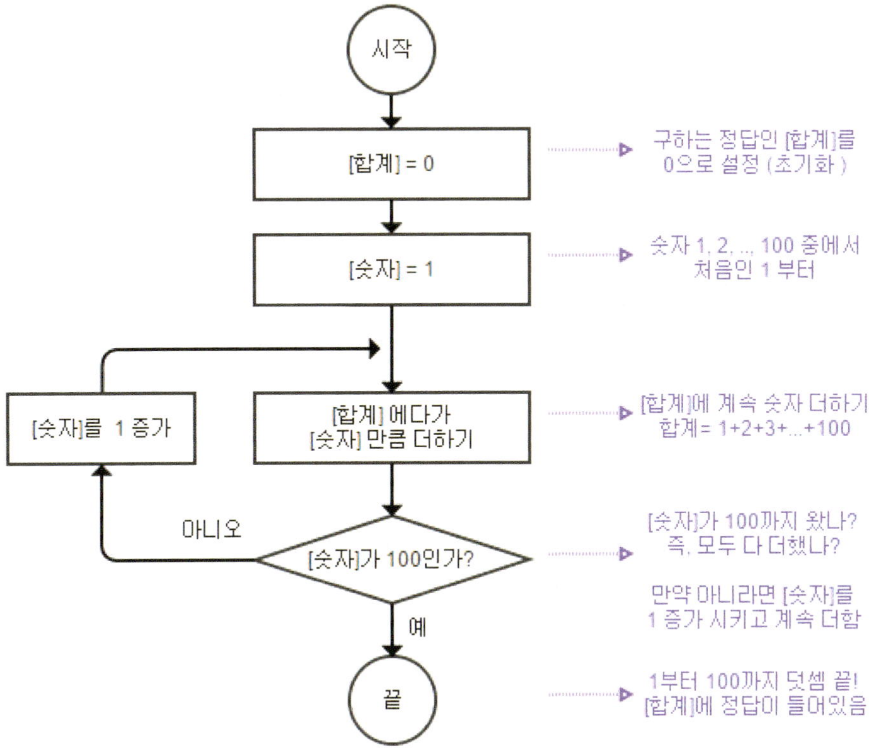

6 좋은 코딩, 나쁜 코딩

바로 앞에서 우리는 한 가지 주어진 문제에 대해 두 가지의 해결 방법을 생각해 보았습니다. 이 방법들은 작업 진행 후의 결과는 모두 동일하지만 두 번째 방법이 훨씬 더 간결합니다. 다시 말하면 첫 번째 알고리즘에서와 같이 무작정 중복해서 계속 나열하기 보다는 두 번째 알고리즘에서와 같이 중복되는 처리 과정을 반복시키는 방법이 훨씬 더 간략히 표현할 수 있으며, 또 다른 사람이 볼 때 이해하기도 더 쉬운 알고리즘이라고 할 수 있습니다.

예를 들어, 거북이가 운동장을 1000번 반복해서 돌아야 하는 경우를 생각해보세요. 이 경우를 첫 번째 방법으로 표현하거나 설명하려면 아마 엄청 오래 걸리겠죠? 그런데 두 번째 방법으로 설명을 한다면 다음 그림과 같이 아주 간결하게 표현할 수 있습니다. 어때요? 이제 첫 번째 알고리즘보다 두 번째 알고리즘이 더 좋다고 확신할 수 있겠죠?

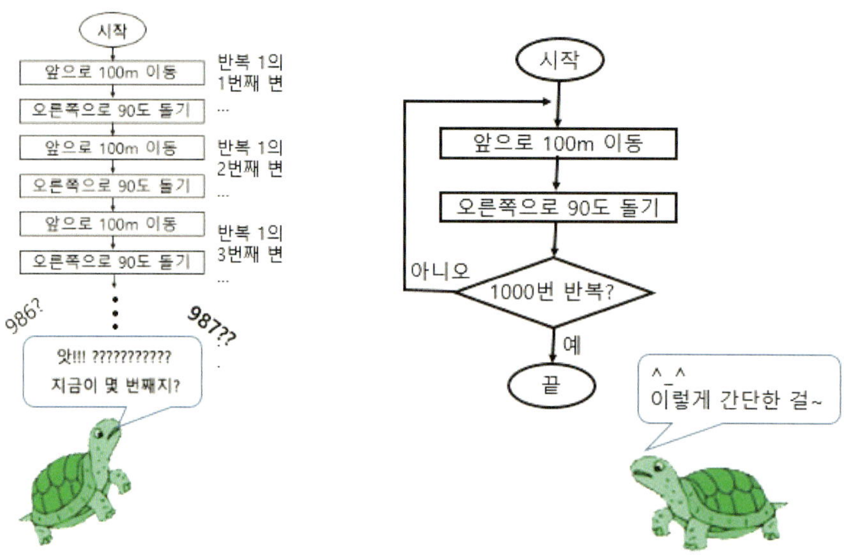

결국 우리는 첫 번째 알고리즘으로 코드를 작성하는 것 보다는 두 번째 알고리즘으로 코드를 작성하는 것이 더 좋은 코딩 방법이라고 할 수 있습니다. 다시 정리를

해서 말하자면, 첫 번째 알고리즘 보다는 두 번째 알고리즘과 같이 해결 방법을 잘게 나누고 순서대로 정리하되 중복되는 부분이 많은 경우는 반복시키면서 처리하여, 간결하고 이해하기 쉬운 알고리즘으로 해결 방법을 구체적으로 설계해 나가는 것이 좋은 코딩 방법이라 할 수 있습니다.

해결 방법을 잘게 나누고 순서대로 정리하되 중복되는 부분이 많은 경우는 반복시키면서 처리하도록 알고리즘을 간결하고 이해하기 쉽게 설계해 나가는 것이 좋은 코딩 방법이다.

유명한 수학자 가우스는 학생 때 선생님이 다른 일을 하기 위하여1부터 100까지 더한 값을 구하라고 문제를 내었을 때 위와 같은 방법이 아니라 "1+100, 2+99, 3+98, …"과 같은 아주 독창적인 방법을 생각하여 금방 정답을 구하였다고 합니다. 가우스가 설계한 풀이 방법을 알아보고, 각자의 방법으로 그 알고리즘을 표현해보세요.

7 사람의 언어와 프로그래밍 언어

어족	예
인도-유럽 어족	영어, 독일어, 스웨덴어, 프랑스어, 이탈리아어, 네덜란드어, 스페인어, 인도어
셈-햄 어족	헤브라이어, 아랍어, 에티오피아어, 이집트어, 베르베르어
우랄 어족	핀란드어, 에스토니아어, 헝가리어, 네네츠어, 가나산어
알타이 어족	터키어, 몽골어, 퉁구스어, 한국어, 일본어
중국-티베트 어족	중국어, 타이어, 버마어, 티베트어

우리 지구상에 살고 있는 수 많은 민족과 부족은 서로 소통하기 위해서 "언어(Language)"를 사용하죠. 전 인류가 사용하는 언어의 종류는 무려 3,000 가지가 넘고, 사용하는 문자도 100 가지가 넘는다고 합니다. 많은 사람들의 경우 단 몇 개의

언어도 잘하기 힘든데, 정말 많은 수의 언어가 사용되고 있죠? 만약 사람들이 서로의 말을 이해하기 위해 다른 언어를 배우려고 노력하지 않고 각자 자기만 아는 언어로 말한다면 우리 세상은 어떻게 될까요? 옛날에 단일 언어를 사용하던 어떤 민족이 넓은 평야에 높고 웅장한 건축물을 건설하며 번성하던 중에 각 지역의 부족마다 사용하는 언어가 서로 다르게 변하고 통하지 않게 되자 뿔뿔이 흩어지고 결국 쇠망했다는 "바벨탑"의 이야기가 전해오고 있습니다.

그럼, 현재에도 이렇게 다양한 언어를 제각각 사용하는 사람들이 과연 어떻게 서로 소통하며 살고 있을까요? 예를 들어, 국제 공용어로 사용되고 있는 영어로 이야기하거나, 영어를 몰라도 서로가 잘 아는 공통 언어로 의사 전달을 할 수 있습니다. 경우에 따라서는 양쪽의 언어를 모두 아는 사람을 통역사로 쓰거나, 통역 기계 같은 것을 사용하여 소통할 수도 있습니다. 만약 통역사조차도 없는 경우에는 관련된 그림을 그리거나 사물을 보여주거나 손 동작과 얼굴 표정을 사용하는 등의 다양한 방법을 동원하여 의사 전달을 위해 노력하겠지요.

사람들간에 서로 원활한 소통을 위해 사용하는 도구인 언어는 기본적으로 서로간에 정해진 일종의 약속입니다. 예를 들어, 우리가 자주 먹는 다음 그림에서와 같은 과일을 한국 사람들은 "사과"라고 부르기로 약속을 한 것이고, 미국이나 영국

같이 영어를 사용하는 지역의 사람들은 "apple"이라고 부르기로 약속을 한 것이죠. 또한, 이 사과를 씹어서 삼키는 동작이나 행위를 한국 사람들은 "먹는다"고 하기로 하였으며, 영어권 사람들은 "eat"라고 하기로 약속을 한 것입니다. 이렇게 서로간의 소통에 필요하여 무엇 무엇이라고 부르기로 정해진 "사과"나 "먹는다" 같은 것들을 총칭하여 우리는 "**단어(Word)**"라고 부르기로 또한 약속한 것이죠. 더 나아가서 여러 단어를 나열하는 순서를 한국 사람들은 "사과"+"먹는다" 순으로 사용하기로 하였으며, 영어권 사람들은 "eat"+"apple" 순으로 사용하기로 약속하였습니다. 이렇게 단어를 나열하며 표현하는 올바른 방법을 우리는 넓은 의미로 "문법(Grammar)" 이라고 부르기로 약속하였습니다.

언어 구분	표현 방법 (문법)
한국어 (Korean)	"사과" + "먹는다"
영어 (English)	"eat" + "apple"

단어들은 오랜 시간 동안 조금씩 바꾸어 지기도 했으며, 어떤 단어는 필요에 의해 짧은 시간에 갑자기 생겨나기도 했습니다. 물론 사용되다가 더 이상 사용하지 않게 된 단어들도 많이 있으며, 어떤 경우에는 이런 저런 이유로 아예 언어 자체가 통째로 사용되지 않고 사라지기도 했죠. 즉, 단어와 언어에는 만들어지고 변화하고 또 사라져가는 흐름의 역사성이 있습니다.

사람과 사람 사이의 소통 수단으로 언어를 만들어 사용하듯 사람과 기계 사이의 소통을 위해서 사람들은 또 다른 종류의 언어를 만들었습니다. 바로 "**프로그래밍 언어(Programming Language)**" 인데요, 말 그대로 프로그래밍 할 때 사용하는 언어입니다.

즉, 사람이 기계에게 원하는 작업을 시키기 위해 명령 전달 수단으로 코딩 할 때 사용할 언어를 만든 것입니다.

> 프로그래밍 언어란 기계가 어떤 작업을 하도록 사람이 만든 작업 지시서를 기계한테 전달할 때, 사람이 지시한 내용을 기계가 잘 이해하고 작업 할 수 있도록 작업의 내용을 표현하는 언어이다.

프로그래밍 언어는 사람의 언어보다는 훨씬 더 역사도 짧고 간단하게 만들어졌지만, 사람의 언어와 무척 유사한 점이 많습니다. 사람과 기계의 소통에 필요한 단어들이 있고, 또 그 단어들을 나열하여 문장을 만드는 순서를 정하는 문법이 존재합니다. 다음은 사람의 언어와 프로그램 언어의 단어를 몇 개 보여주고, 실제로 사용하는 간단한 구문 예제를 보여줍니다.

구분	사람의 언어 (보기)	프로그래밍 언어 (보기)
단어	"apple", "eat", "good", …	"for", "if", "else", "return", …

문법	"eat an apple"
	"Good morning."
	"A plus B equals C."
		C = A + B;
		If(C > 100)
		print("100 초과");
		else
		print("100 이하")

여기서 한 가지 더 살펴보고 넘어가야 할 부분이 있습니다. 우리가 여기서 "기계"라고 부르는 장치들은 좀 더 엄밀히 말하면 전기적 신호로 제어가 가능한 각종 전자 장치들을 말하는데, 쉽게 말하면 컴퓨터라고 생각하면 됩니다. 이러한 전자 기계들은 전기가 연결되어 흐르거나(켜짐, ON, 1의 상태) 또는 전기가 차단되어 흐르지 않거나(꺼짐, OFF, 0의 상태)하는 두 가지의 상태만으로 제어를 할 수 있습니다. 바꾸어 말하면 기계가 이해할 수 있는 소통 방식은 0 아니면 1인 전기의 흐름입니다. 바꾸어 말하면 기계는 0 아니면 1로 이루어지는 흐름의 이진법만 이해할 수 있습니다.

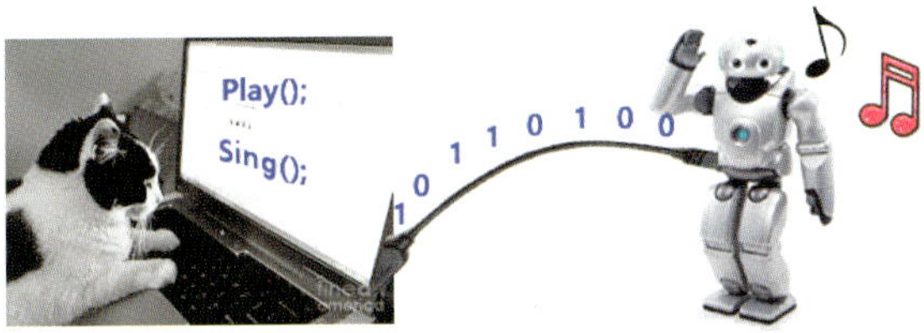

그런데, 우리 사람들이 바로 이진법의 흐름으로 직접 코딩 하기는 아주 어렵습니다. 그래서 사람들은 우리가 사용하는 언어와 비슷하여 쉽게 이해할 수 있는 프로그래밍 언어를 만들고, 그 언어로 작성된 내용을 기계가 이해할 수 있는 이진법의 데이터로 변환하여 기계로 전달하고 있습니다. 즉, 사람이 프로그래밍 언어로 코딩 한 내용을 기계가 사용하는 언어인 이진 실행 파일로 바꾸어 주는 다음 그림에서와 같은 번역 과정이 있다는 것이죠.

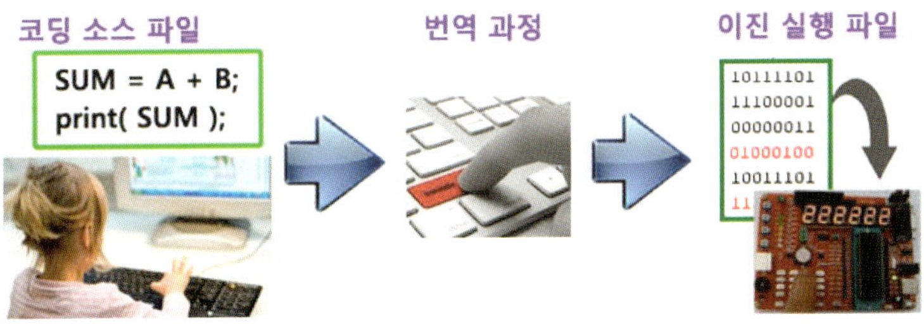

참고로, 이렇게 번역되는 과정을 "컴파일(Compile)"이라고 하는데, 컴퓨터 프로그램이 자동으로 번역하는 것을 "컴파일 한다"라고 말합니다. 마치 사람 사이의 자동 언어 번역기가 번역해주는 것과 비슷한 개념입니다.

일단 여기서는 그런 번역 과정이 있구나 하는 정도로 넘어가기로 하겠습니다. 다만 우리가 코딩 한 알고리즘 등이 기계로 전달 될 때는 마지막 단계에서 내부적으로 이진 실행 파일로 다시 번역되어서 전달된다는 것은 반드시 기억해야 합니다.

10진법과 2진법 외에 우리가 생활 속에서 사용하고 있는 다른 진법에는 어떤 것들이 있으며, 또 어떻게 쓰이고 있는지 알아봅니다.

CHAPTER

02

창의설계 코딩 키트와 스케치로 코딩하기

교육 목표

창의설계 코딩 키트와 기초적인 하드웨어 용어들을 소개하고, 스케치(Sketch) 프로그램을 소개합니다. 먼저 스케치 코딩과 C 언어 코딩에 대해 살펴본 후에 창의설계 코딩 키트와 스케치 프로그램으로 LED를 켜고 끄기 코딩 실습을 시작으로 하드웨어를 제어하는 창의설계 방법의 기초를 배웁니다.

주요 키워드

창의설계 코딩 키트, 스케치 프로그램, C 언어, 디지털과 아날로그, LED

CHAPTER

02

창의설계 코딩 키트와 스케치로 코딩하기

1 창의설계 코딩 키트와 기초 용어 설명

1) 창의설계 코딩 키트 소개

창의설계 코딩 키트는 누구나 간단하게 코딩을 하여 소리를 내거나 듣고 빛을 내고 이동할 수 있도록 제작된 코딩 실습용 키트입니다. 아두이노 우노 보드 기반으로 되어 있으며, 마이크, 스피커, 컬러 LED와 조도센서 그리고 초음파로 거리를 측정하는 센서 등 다양한 장치를 연결하여 사용할 수 있습니다. 이 장치들은 단 몇 줄의 코드를 작성하여 제어할 수 있는 유용한 기능의 장치들 입니다.

또한, 창의설계 코딩 키트는 동시에 2개의 모터를 제어할 수 있는 모터 컨트롤러도 장착되어 있습니다.

우리는 앞으로 이렇게 다양한 기능을 가지고 있는 창의설계 코딩 키트를 사용하여 따라하기 예제를 하나씩 같이 만들면서 직접 코딩을 하여 하드웨어를 제어하는 방법을 배우게 됩니다. 이와 같이 창의설계 코딩 키트는 다양한 기능을 가지고 있어서 사용자의 창의적인 생각을 실현하기에 편리합니다.

창의설계 코딩 키트의 조립 및 각종 장치들의 연결은 부록으로 제공되는 조립설명서를 참조하기 바랍니다.

다음은 창의설계 코딩 키트의 각 부분을 나타낸 그림입니다. 첫번째 그림이 키트의 상단이고 두번째 그림이 하단입니다. 바로 다음에 아날로그 핀과 디지털 핀을 포함하여 기타 주요 부분에 대한 자세한 설명이 나옵니다. 그 외의 기 능에 대해서도 교재에 해당 내용이 나올 때마다 추가로 설명하기로 하고, 일단 여기 서는 이런 것들이 있다는 정도만 보고 넘어가기로 합니다.

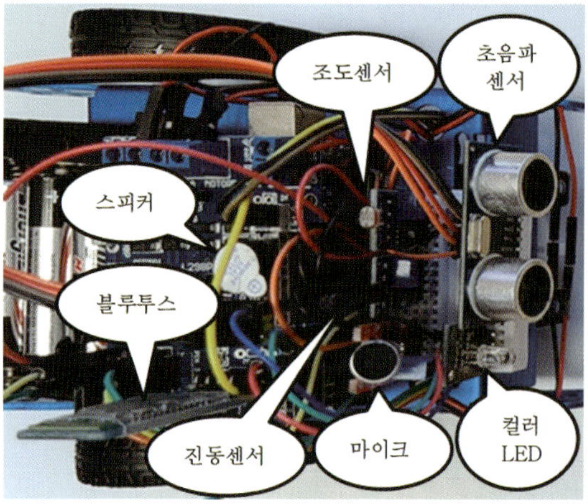

2) 아두이노 우노보드

아두이노 보드는 하드웨어를 제어하기 쉽게 나온 보드 제품으로, 마이크로 컨트롤러로 입력한 값에 따라 여러가지 기능을 실행해 볼 수 있습니다. 가장 보편적으로 사용되는 보드가 아두이노 우노이고 본 창의설계 코딩 키트에서 사용한 제품은 아래와 같습니다.

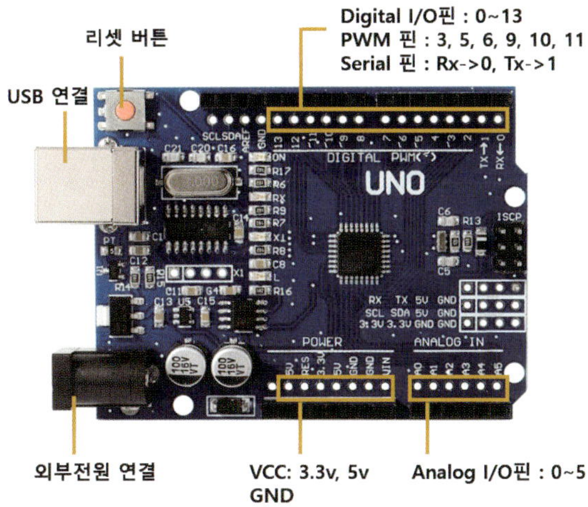

2) 기초 용어 설명

앞으로 우리가 창의설계 코딩 키트로 실습을 할 때 자주 나오는 몇 가지의 하드웨어 용어들을 먼저 살펴보기로 합니다.

(1) 핀(pin)

창의설계 코딩 키트는 다른 외부의 전자 기기와 연결하기 위해서 핀(pin)이라고 부르는 연결 단자들을 많이 가지고 있습니다. 그림에서 전선으로 연결 가능한 각각의 단자들을 '핀'이라고 합니다. 원으로 표시한 부분들이죠. 참고로, 오른쪽 그림에서와 같이 생긴 모양에 따라 핀을 암수로 구분하여 부르기도 합니다.

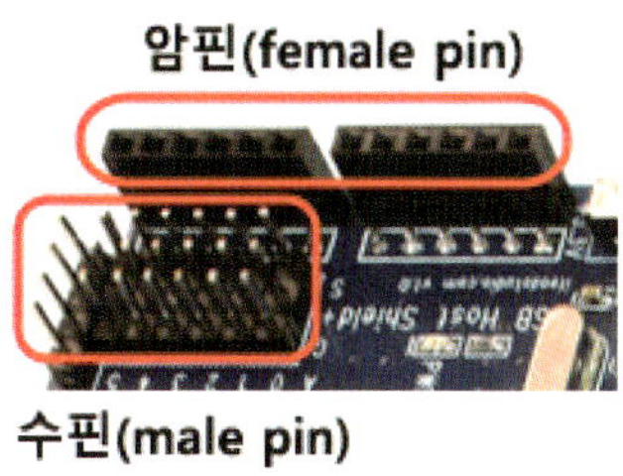

(2) 디지털과 아날로그

일반적으로 시간에 따른 바람의 세기나 온도의 변화 같은 자연적인 흐름들은 연속적으로 변하고 있으며, 특정 시간에서의 세기 또는 크기는 1, 2, 3과 같이 어떤 정수 값으로 딱 떨어지지 않는 경우가 많습니다. 아래 이미지에서 초록색의 곡선으로 표시한 부분 같이 연속된 곡선으로 표현 되는 크기의 흐름이 있는 경우를 "**아날로그**(analog)"라고 말합니다.

반면 각각의 주어진 시간에서 초록색 그래프의 연속적인 실수 값을 소수점이 없는 정수 값으로 처리하여 빨간색의 계단 모양 선과 같이 표현하는 것을 디지털화 한다고 합니다. 즉, 다음 이미지의 빨간색 계단 모양의 그래프와 같이 시간에 따른 크기의 변화가 정수 값으로 딱 떨어지는 흐름인 경우를 "**디지털**(digital)"이라고 합니다.

참고로, 다음 이미지에서 파란 원으로 표시한 시간이 7인 시점의 아날로그적인 크기는 대략 4.3에서 4.4 사이의 어떤 실수 값이 됩니다. 한편, 디지털화된 이 시점의 크기는 4입니다.

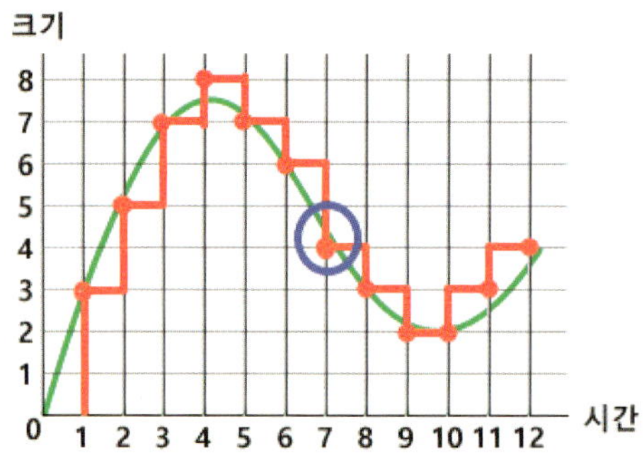

이러한 아날로그와 디지털에 대한 일반적인 개념을 우리가 사용할 창의설계 코딩 키트에서의 전기적 흐름에 적용해 다시 설명해 보기로 합니다.

컴퓨터에서는 전기적으로 ON과 OFF인 1과 0의 흐름으로만 구분할 수 있습니다. 다음 보기 이미지는 시간에 따라 전기가 흐른 곡선입니다. 여기서 그래프의 크기는 0볼트와 5볼트 사이의 전압입니다. 우리는 초록색 선과 같은 특정 기준 값을 정해두고 그 이상이면 "높다(HIGH)"라고 표현하며, 그 이하면 "낮다(LOW)"라고 표현합니다.

여기서 전압이 기준 값보다 높은 HIGH인 경우에는 불이 켜지고, 낮은 LOW인 경우는 불이 꺼지는 경우를 생각해 봅시다. 즉, "HIGH = ON = 1"인 상태이며, "LOW = OFF = 0"인 상태입니다.

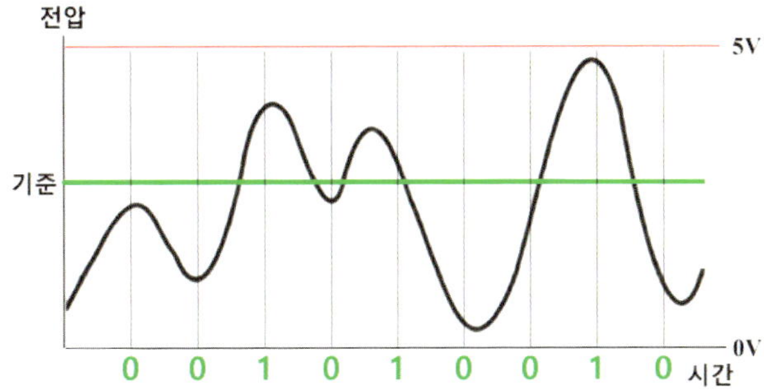

위의 그래프에서 HIGH(1) 또는 LOW(0) 상태를 시간에 따른 그래프로 그려보면 다음과 같습니다. 다시 말해서 위의 아날로그 전압 그래프를 디지털화하여 아래와 같은 그래프를 얻을 수 있습니다. 즉, 아날로그 전압 값을 디지털 전압 값으로 바꾸는 것이죠.

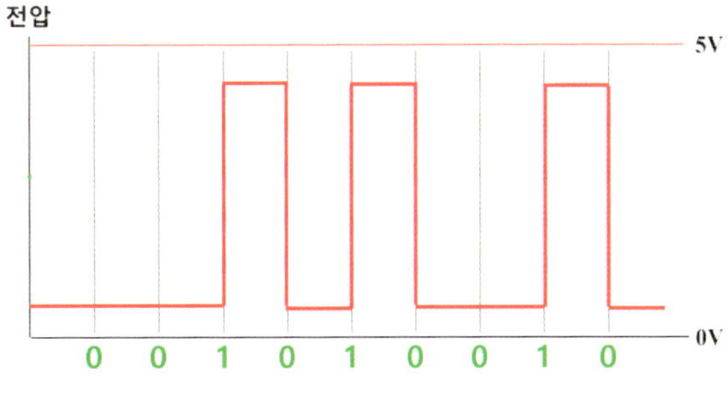

이와 같이 아날로그 전압 값의 입력을 디지털화하여 바꾸어주는 역할을 하는 전기 소자를 "A/D 컨버터(converter)"라고 합니다. 즉, 아날로그 값을 디지털 값으로 바꾸어주는 변환기란 뜻입니다. 다음 그림은 이러한 A/D 컨버터의 역할을 보여주고 있습니다.

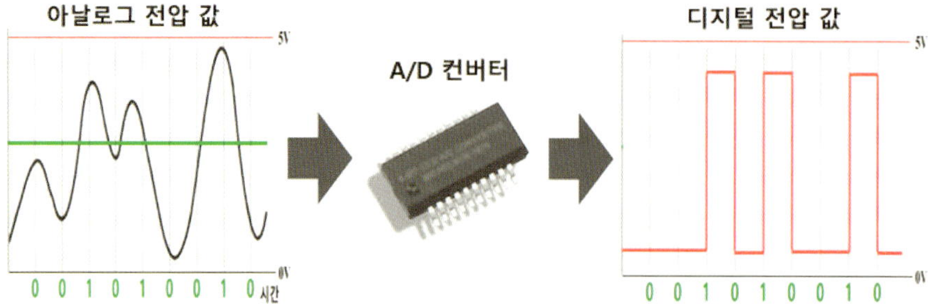

(3) 센서와 핀의 디지털과 아날로그

위에서 우리는 아날로그와 디지털에 대해 살펴보았습니다. 한편, 창의설계 코딩 키트에는 빛의 밝기나 소리의 크기 등 외부의 환경이나 상태 값들을 측정하는 "센서(sensor)"라고 하는 전기 소자들을 연결하여 사용할 수 있습니다. 이러한 측정 센서들은 창의설계 코딩 키트의 핀에 연결하여 사용하여야 합니다.

아두이노 우노 보드에는 다용도 입출력이라고 하는 GPIO(General- Input/output) 디지털 핀을 사용할 수 있습니다. 디지털 핀을 용도에 따라 입력 혹은 출력으로 정의해서 사용할 수 있으며, 디지털 핀을 아날로그 출력 핀과 같이 사용할 수 있는 PWM 핀으로 정의하여 사용할 수도 있습니다.

한편, 센서의 종류를 아날로그 센서와 디지털 센서로 나눌 수 있습니다. 예를 들어 디지털 핀에 연결되어있는 경우 진동 센서는 진동이 없는 경우에 측정값을 읽으면 LOW(=0V)의 값이 들어오고, 창의설계 코딩 키트에 외부 충격을 가하면서 측정값을 읽으면 HIGH(=5V) 값이 들어 옵니다. 이렇게 HIGH 또는 LOW의 값으로만 읽을 수 있는 센서들을 "디지털 센서"라고 합니다. 이런 디지털 센서들을 연결하여 사용할 수 있는 핀들을 "디지털 핀"이라고 하는데, 창의설계 코딩 키트에는 0번부터 13번까지의 디지털 핀들을 사용할 수 있습니다.

한편, 창의설계 코딩 키트에 연결되어 있는 외부 소리의 크기를 측정하는 사운드 센서(또는 마이크)의 경우에는 현재 소리의 크기가 얼마나 큰지를 OP엠프를 통해 0에서 5볼트 사이의 아날로그 전압으로 내보내어 줍니다. 이렇게 측정한 결과가 HIGH나 LOW 값이 아니라 아날로그 전압으로 데이터 값을 넘겨주는 센서를 "아날로그 센서"라고 하며, A/D 컨버터 기능이 내장된 "아날로그 핀"과 연결하여 사용하여야 합니다.

우리가 코딩 할 때 이 센서를 사용하여 소리의 크기를 측정하려면 위에서 살펴보았던 A/D 컨버터를 사용하여 디지털 값으로 변환하여야 합니다. 창의설계 코딩 키트에는 외부에서 들어오는 아날로그 전압 값을 0에서 1023까지의 디지털 값으로 변환하여 주는 A/D 컨버터 기능이 내장된 핀이 별도로 있는데, 앞서의 0에서 13번까지의 디지털 핀과 구분하기 위해서 아날로그 핀들은 A0에서 A5까지의 번호로 'A'를 붙여서 사용합니다.

내용을 정리하면, 아날로그 센서는 아날로그 핀과 연결하여 사용하고, 디지털 센서는 디지털 핀과 연결하여 사용하여야 합니다.

(4) PWM 출력

위에서 알아보았던 디지털 핀에는 핀번호 앞에 '~' 표시가 되어있는 PWM 출력이 가능한 핀이 내장되어 있습니다. PWM은 Pulse Width Modulation의 약자로 펄스 폭 설정이 가능한 High/Low 출력 신호로 디지털 신호를 이용하여 0에서 255 사이의 출력 값을 내보낼 수 있습니다. 이 신호는 소리, LED 밝기 조절, 모터 속도 조절 등에 사용되어지며, 창의설계 코딩 키트의 내부에는 디지털 10번, 11번핀은 모터 속도제어를 위해 모터 드라이브 IC의 PWM신호에 연결되어 있습니다.

(5) 창의설계 코딩 키트에 연결할 센서와 장치

창의설계 코딩 키트의 몇 가지 유용한 센서와 스피커 등의 장치들은 창의설계 코딩 키트의 아날로그 핀이나 디지털 핀과 연결합니다. 이들 센서와 장치들은 다음과 같은 핀 번호로 제어할 수 있습니다.

참고로, 다른 센서나 장치를 창의설계 코딩 키트와 연결하여 제어할 때는 가급적 다음의 사용중인 핀 번호를 피해 선택하도록 합니다. 스피커와 모터 제어 관련 4개의 핀이 연결된 핀의 경우에는 특히 같은 번호의 핀을 사용하지 않도록 주의해야 합니다.

센서 및 장치		연결 핀 번호
마이크(MIC)	아날로그 입력	아날로그 2번 핀
진동 센서(Vibration)	아날로그 입력	아날로그 1번 핀
조도센서(illumination)	아날로그 입력	아날로그 0번 핀
사용자 LED(UserLED)	디지털 출력	디지털 13번 핀
스피커(Speaker)	디지털 출력	디지털 4번 핀
초음파 출력(Ultra trig)	디지털 출력	디지털 7번 핀
초음파 입력(Ultra echo)	디지털 입력	디지털 8번 핀
파랑LED(Blue LED)	디지털(PWM)출력	디지털 9번 핀
초록LED(Green LED)	디지털(PWM)출력	디지털 6번 핀
빨강LED(Red LED)	디지털(PWM)출력	디지털 5번 핀
오른쪽 적외선 센서(UltraSonic1)	디지털 입력	디지털 2번 핀
왼쪽 적외선센서(UltrasSonic2)	디지털 입력	디지털 3번 핀
블루투스 송신(BlueTooth Tx)	디지털 입력	디지털 0번 핀
블루투스 수신(BlueTooth Rx)	디지털 출력	디지털 1번 핀
오른쪽 모터 방향	디지털 출력	디지털 13번 핀
오른쪽 모터 속도	디지털(PWM)출력	디지털 11번 핀
왼쪽 모터 방향	디지털 출력	디지털 12번 핀
왼쪽 모터 속도	디지털(PWM)출력	디지털 10번 핀

각종 센서 및 장치에 대한 자세한 코딩 방법은 각 장의 실습에서 다루도록 하겠습니다.

2) 스케치 프로그램 둘러보기

먼저 바탕 화면의 스케치 프로그램 아이콘( )을 더블 클릭하면 다음과 같은 스케치 프로그램이 실행됩니다. 최초에는 작업 창에 소스 코드가 하나도 없이 텅 빈 상태로 시작됩니다.

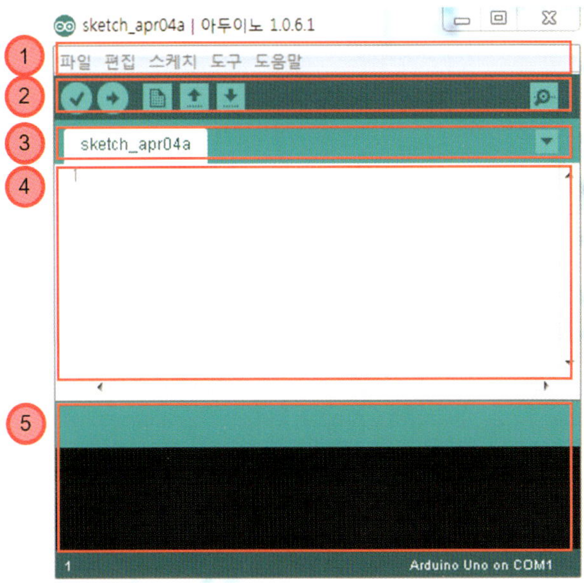

위의 그림에서 ①번은 프로그램 메뉴이며, ②번은 자주 사용하는 기능을 모아놓은 툴 바 입니다. ③번은 소스 코드 탭인데, 웹 브라우저의 탭과 유사한 개념이며, 오른쪽 끝의 버튼을 클릭하여 다른 소스 코드를 편집할 수 있는 탭을 추가할 수 있습니다. 우리가 코딩할 때 ④번의 작업 창에서 소스를 편집하게 됩니다.

그리고 ⑤번은 콘솔이라고 하는데, 코딩 작업이 끝난 후 컴파일하고 결과물을 창의설계 코딩 키트로 업로드 할 때 진행 과정이나 결과를 보여주는 영역입니다. 그 외에도 가장 아래에는 현재 사용중인 하드웨어 보드 유형과 시리얼 통신 포트 번호를 보여주고 있습니다.

스케치는 확장자가 ".ino"인 파일에 저장됩니다. 편집기에 복사하거나 붙여 넣기와 텍스트 찾기와 바꾸기 기능이 있습니다.

다음 표는 툴 바, 즉 도구 모음 단추의 기능입니다.

버튼	내용(기능)
	Verify (코드 검증) 코드에 오류가 있는지 확인합니다.
	Upload (창의설계 코딩 키트에 실행파일 굽기) 코드를 컴파일 한 후 Arduino I/O 보드에 업로드 합니다.
	New (새 파일) 새 스케치를 만듭니다.
	Open (열기) 스케치북의 모든 스케치를 표시합니다. 스케치를 클릭하면 현재 윈도우에서 스케치가 열립니다.
	Save (저장) 스케치를 저장합니다.
	Serial Monitor (시리얼 모니터) 시리얼 모니터를 엽니다. 텍스트 출력 내용을 볼 수 있습니다.

3 스케치 코딩과 C 언어 코딩의 관계

우리가 앞으로 계속 코딩 하게 될 스케치 프로그램은 C 언어를 프로그래밍 언어로 사용합니다. 그래서 여기서는 스케치 프로그램 개발환경과 일반적인 C 언어로 만드는 프로그램의 관계를 간단히 살펴보고, 앞으로 우리가 코딩 하게 될 전형적인 스케치 프로그램의 구조를 살펴봅니다. 참고로 뒷부분에서 스케치 코딩을 위한 기초적인 C 언어 코딩 방법에 대해 설명할 예정입니다.

1) 스케치 프로그램과 C 프로그램의 구조

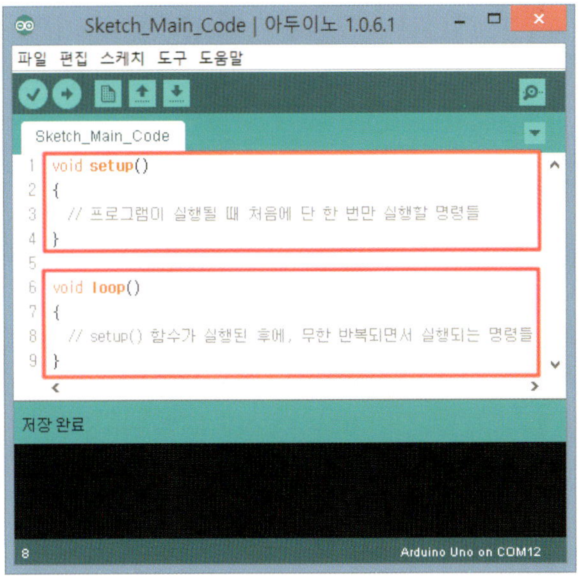

스케치 프로그램은 C 언어로 작성하는 프로그램의 특수한 형태인데, 스케치로 작성하는 프로그램의 기본 구조는 다음과 같이 큰 분류로 setup() 함수와 loop() 함수로 나누어져 있습니다.

여기서는 우리가 스케치로 코딩 할 때 반드시 사용해야 하는 이들 기본 함수 두 개를 살펴보기로 합니다.

setup() 함수는 전원을 넣거나 리셋 버튼을 눌렀을 때 맨 처음 한 번만 실행할 내용을 포함하는 함수입니다. 주로 장치가 연결된 핀 번호의 입출력 모드를 설정하는 내용이 들어갑니다. 반면, loop() 함수는 처음에 setup() 함수가 한 번 실행된 이후에 무한 반복되면서 계속 실행할 내용을 포함하는 하는 함수입니다.

참고로, 우리가 스케치로 코딩 한 프로그램을 실행하면 다음과 같이 ①번에 해당하는 C 언어로 작성된 프로그램에서 시작 함수인 main 함수에서 스케치 프로그램의 기본 두 가지 함수인 setup()과 loop()를 다음과 같은 형태로 호출하며 실행합니다. 즉, main 프로그램 부분은 이미 보드 안 부트로더에 내장되어 있고, 초기 실행 중에 ②번의 setup() 함수를 한 번 호출하고, 마지막으로 ③번의 loop() 함수를 무한 반복하며 호출하는 구조입니다. 다음 그림에서 볼 수 있듯이 초록색의 스케치 프로그램(setup과 loop 함수)은 하드웨어에 이미 탑재되어 있는 main 함수에서 호출하는 2개의 함수로 C 프로그램의 일부분이라고 볼 수 있습니다.

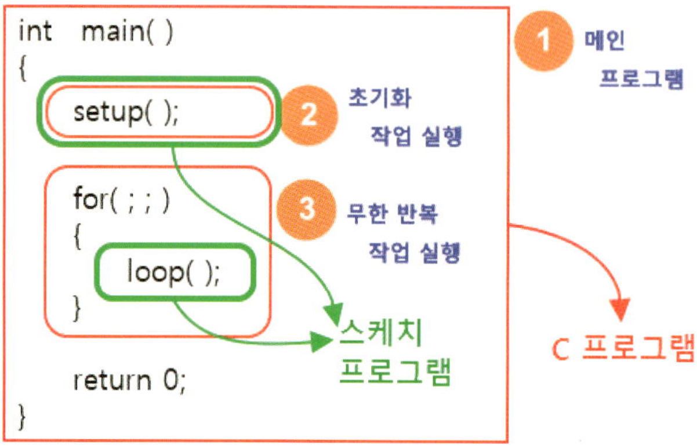

2) 스케치 코딩을 위한 C 언어 프로그램의 구조

이제부터 스케치 프로그램에서 자주 사용되는 기초적인 C 프로그램의 구조와 키워드 및 구문 등 C 언어 코딩 방법에 대해 간략히 알아봅니다. 다음은 스케치로 작성하는 전형적인 C 프로그램의 구조를 보이고 있습니다.

참고로 우리가 C 프로그램의 소스 코드를 작성하여 파일로 저장할 때 ".c" 또는 ".cpp"라는 파일 확장자를 사용해야 합니다.

물론 실습하며 코딩 할 프로그램도 이와 거의 동일한 구조를 갖게 됩니다. 설명하는 내용에 따라 다양한 방식으로 다르게 나눌 수 있겠으나, 다음과 같이 대략 5 부분으로 나누어 설명하기로 합니다.

```
#include <SoftwareSerial.h>  // 사용 용도에 따라 포함시키는 헤더 파일

/////////////////////////////// 각종 연결 핀 번호 및 주요 상수와 변수 선언
#define  MANUAL_MODE      0  // 수동 조종 모드 - 스마트폰으로 조종
#define  LINE_TRACE       1  // 근거리(IR) 센서로 검은 선 따라가기

const int pinDIR1 = 8; // 1번(오른쪽) 모터 방향 지정용 연결핀 번호
const int pinPWM1 = 9; // 1번(오른쪽) 모터 속도 지정용 연결핀 번호
......

int Speed = 80; // 모터 회전 속도= [0..255]

/////////////////////////////// 기본 setup(), loop() 함수
void  setup()  // 처음 한 번만 실행되는 초기화 함수
{
  // 모터 제어 핀들을 모두 출력용 핀으로 설정
  pinMode( pinDIR1, OUTPUT ); // 1번(오른쪽) 모터 방향 핀을 출력 핀으로 설정
  pinMode( pinPWM1, OUTPUT ); // 1번(오른쪽) 모터 속도 핀을 출력 핀으로 설정
  ......

  Serial.begin( 9600 );  // 시리얼 모니터
  Serial.println("₩nSetup started!₩n");
}

void  loop()  // 무한 반복하며 계속 실행할 작업
{
  int  distance = GetDistance();  // 함수를 호출하여 거리를 측정함

  if( distance > 0 )  // 측정된 거리가 유효하면 해당 작업 진행
  {
    ......  // 앞에 장애물이 있으면 방향을 틀어서 전진... 등등
  }

  delay( 20 );
}

/////////////////////////////// 기타 호출 함수들
int  GetDistance()  // 초음파 센서로 거리를 cm 단위로 측정
{
  ......
}
......
```

(1) 헤더 파일

스케치 프로그램의 가장 위에는 ①번과 같이 먼저 기능 구현에 필요한 헤더 파일을 포함해야 합니다. 헤더 파일은 C 언어에서 기본으로 지원하는 키워드를 제외한 어떤 다른 기능을 간단히 사용할 수 있도록 모듈화 시킨 색인이나 메뉴판 같은 것으로 이해하면 되겠습니다. 예를 들어, 우리가 시리얼 포트로 뭔가 데이터

를 주고 받으려면 "SoftwareSerial.h"라는 파일을 포함해야 하는데, 이 파일 안에 read() 함수 등을 어떻게 호출할 수 있는지 정의되어 있습니다. 헤더 파일의 확장자로 ".h"를 사용하며, 위 소스의 ①번과 같이 "#include <SoftwareSerial.h>"라는 형태로 사용합니다. 이는 "SoftwareSerial.h"라는 파일을 불러들여 포함하라는 의미입니다. 참고로, 나중에 우리는 이 헤더에 정의된 read() 함수를 사용하여 텍스트 메시지를 시리얼 포트로 수신되는 값을 확인하는데 사용합니다.

```
#include <SoftwareSerial.h>  // 사용 용도에 따라 포함시키는 헤더 파일
```

(2) 주요 상수와 변수 선언

위의 스케치 C 프로그램의 구조에서 ②번 부분은 #define 구문으로 사용할 상수 값을 정의하거나, 또는 사용할 변수를 선언하는 부분입니다. 예를 들어, 위의 소스 코드에서 "MANUAL_MODE"라는 상수의 값으로는 0을, "pinDIR1"이라는 정수형 상수 값으로는 8을, "Speed"라는 변수의 초기 값으로는 80을 각각 선언하고 그 값을 설정하고 있습니다.

```
////////////////////////////////  각종 연결 핀 번호 및 주요 상수와 변수 선언
#define  MANUAL_MODE       0  // 수동 조종 모드 - 스마트폰으로 조종
#define  LINE_TRACE        1  // 근거리(IR) 센서로 검은 선 따라가기

const int pinDIR1 = 8; // 1번(오른쪽) 모터 방향 지정용 연결핀 번호
const int pinPWM1 = 9; // 1번(오른쪽) 모터 속도 지정용 연결핀 번호
......

int Speed = 80; // 모터 회전 속도= [0..255]
```

그런데 왜 해당 숫자를 직접 대입하여 사용하지 않고 상수를 선언하여 사용할까요? 예를 들어, 위의 코드에서 pinDIR1 대신 해당 숫자인 8을 코드 여기 저기에 직접 대입하여 사용한 경우 나중에 연결 핀 번호를 8번 대신 11번으로 수정하려면 찾기도 쉽지 않을뿐더러 여러 곳을 수정해야 합니다. 하지만 위와 같이 상수를 선언하여 사용한 경우라면 선언한 단 한 줄의 값만 8 대신 11로 바꾸어 주면 됩니다.

(3) setup() 함수

앞서 설명한 바와 같이 ③번의 setup() 함수는 전원을 넣거나 리셋 버튼을 눌러서 프로그램이 실행될 때, 맨 처음 한 번만 실행할 내용을 포함하는 함수입니다. 이 함수는 주로 ②번 부분에서 선언한 연결 핀들의 입출력 모드를 설정하는 내용을 포함하게 됩니다. 만약 ①번과 같이 Serial 통신 모듈 헤더 파일을 포함하여 시리얼 통신 기능을 사용한다면 여기 setup() 함수 안에서 Serial 모듈 초기화 작업도 같이 코딩하여야 합니다.

```
void  setup()  // 처음 한 번만 실행되는 초기화 함수
{
  // 모터 제어 핀들을 모두 출력용 핀으로 설정
  pinMode( pinDIR1, OUTPUT ); // 1번(오른쪽) 모터 방향 핀을 출력 핀으로 설정
  pinMode( pinPWM1, OUTPUT ); // 1번(오른쪽) 모터 속도 핀을 출력 핀으로 설정
  ......

  Serial.begin( 9600 );  // 시리얼 모니터 초기화 (통신속도= 9600 bps)
  Serial.println("\nSetup started!\n");  // 시리얼 모니터로 메시지 출력
}
```

참고로, 이 외에도 프로그램이 시작할 때 한 번 실행해야 하는 작업들을 setup() 함수 안에 코딩 해야 합니다.

(4) loop() 함수

앞서 설명한 바와 같이 ④번의 loop() 함수는 처음에 setup() 함수가 한 번 실행된 이후에 무한 반복되면서 계속 실행할 내용을 포함하는 하는 함수입니다. 예를 들어, 초음파 센서로 앞에 나타나는 물체와의 거리를 측정하다가 물체가 너무 가까이 다가오면 한 쪽으로 방향을 틀어서 피한 다음 다시 전진하는 작업을 무한 반복하는 작업들을 loop() 함수 안에 코딩 할 수 있습니다.

```
void  loop()  // 무한 반복하며 계속 실행할 작업
{
  int  distance = GetDistance();  // 함수를 호출하며 거리를 측정함

  if( distance > 0 )  // 측정된 거리가 유효하면 해당 작업 진행
  {
    ......  // 앞에 장애물이 있으면 방향을 틀어서 전진... 등등
  }

  delay( 20 );
}
```

(5) 기타 함수

이 나머지 부분에는 setup() 함수나 loop() 함수 안에서 호출하여 사용하는 다른 함수들을 코딩 하는 영역입니다. 여기 코드 리스트에서는 초음파 센서로 거리를 측정하는 함수인 GetDistance() 함수를 만들어 두고 loop() 함수 안에서 호출하며 사용하고 있습니다.

프로그램을 정의할 때 기타 함수를 정의하는 위치를 setup(), loop()함수의 앞쪽에 두는 방법과 뒤쪽 어디에든 작성할 수 있습니다.

```
void setup()
{
.....
}
void loop()
{
  len = GetDistance();
  Function2();
.....
}
////기타 호출 함수들
int GetDistance(void) // 초음파 센서로 거리를 cm단위로 측정
{
  .......
}
void Function2(void) // 기타함수
{
  .......
}
void Function3(int parameter) // 기타함수
{
  .......
}
```

함수 호출

4 스케치 코딩을 위한 C 언어 기초 배우기

이번에는 스케치로 코딩을 하기 위해서 사용해야 할 C 언어에 대해 알아봅니다. 이 교재의 목표가 C 언어에 대해 자세하게 배우는 것은 아니지만, 우리가 소리를 듣고 빛을 내거나 로봇의 바퀴 모터를 움직여서 전진하게 하는 등의 스케치 코딩을 하기 위해서 꼭 알아야 하는 C 언어 코딩의 기초적인 개념과 내용을 살펴봅니다.

1) 주석(Comment)

프로그램의 실행과는 무관하게 소스 코드에 대한 설명을 해 놓은 부분입니다. 소스 코드를 읽기 쉽게 만들고 내용에 대한 이해를 돕기 위해 설명을 달아 놓은 것이죠. C 언어에서 주석은 다음과 같이 2가지 형태로 쓸 수 있습니다.

주석 형태	주석이 사용된 코드 예제
/* 사이의 모든 내용이 주석 입니다 */	SUM /* 합계 */ = A + B; /* 덧셈하기 : A와 B를 더해서 SUM에 대입합니다. */
// 이 줄의 끝까지 만 주석입니다.	SUM = A + B; // A + B를 SUM에 대입한다.

참고로, 다음의 두 가지 보기는 주석이 겹치는 경우로 허용되는 경우와 허용되지 않는 경우를 보이고 있습니다.

허용되지 않는 경우	/* 여러 줄 주석 안에 /* 또 다른 여러 줄의 주석이 섞여 있는 경우는 */ 허용되지 않습니다. */

허용되는 경우	/* 여러 줄 주석 안에
	// 또 다른 한 줄의 주석이
	// 여러 줄 섞여 있는 경우는
	허용됩니다. */

2) 상수(Constant)

상수는 이미 값이 정해져 있는 것으로 보통 프로그램에서 변하지 않고 정해진 값이나 한번 정해지면 변경되지 않는 값들을 나타냅니다. 우리는 코딩에서 어떤 값 대신에 이 상수를 대신 사용합니다. 예를 들어, 다음과 같이 원주율을 "PI" 라는 상수로 선언해 두고, 원의 넓이를 계산할 때 원주율 값을 사용하는 부분에 이 상수 "PI"를 대신 사용합니다. 상수를 정의 하는 방법은 두가지가 있는데 "#define" 전처리기를 사용하여 컴파일 시에 치환하는 방법과 변수앞에 "const"를 사용하여 상수형 변수로 선언하는 방법이 있습니다.

```
#define PI    3.14159 // 원주율

int  r = 10;  // 반지름

int  area = PI * r * r;  //  PI * r²
```

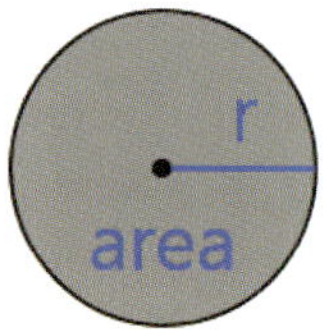

3) 변수(Variable)

변수는 프로그램 실행 중에 변경되는 값을 저장하기 위해 필요한 것입니다. 여기서는 변수를 유형에 따라 사용하기 위해 선언하는 방법과 변수가 유효한 범위에 대해서 살펴봅니다. 변수는 다음의 표와 같은 형태로 선언하고 사용합니다.

변수 선언 보기	설명
int var;	정수형 변수 var를 선언합니다. 참고로, 여기서 var는 변수 이름이며, 변수 var의 값은 아직 알 수 없는 상태입니다.
float var = 3.14;	실수형 변수 float를 선언하고 초기 값으로 3.14를 바로 대입합니다.
boolean b; b = true;	논리형 정수 b를 선언합니다. B의 값으로 true를 대입합니다.
int a = 10; int sum = a + 20;	값이 10인 정수형 변수 a를 선언합니다. 정수형 변수 sum을 선언하고, 변수 a의 값인 10에 20을 더한 30을 초기값으로 대입합니다.

변수에 대해서 한 가지 꼭 알고 넘어가야 할 부분은 전역 변수와 지역 변수의 개념입니다. "전역(Global) 변수"는 프로그램의 전체 범위에서 사용할 수 있는 유효 범위가 가장 넓은 변수로서 다음과 같이 프로그램의 가장 외부 영역에 선언합니다. 반면, 특정 함수 안이나 특정 범위에서 선언하고 사용하는 "지역(Local) 변수"들은 다음 그림과 같이 해당 범위 안에서만 유효하며 사용할 수 있습니다.

```
int x = 10; // 전역 변수                         전역 변수 x의 유효 범위
                                                 (프로그램 전체)

void setup()
{                                                지역 변수 y의 유효 범위
    int y = 20;  // 이 지역 변수 y는 setup() 함수 안에서만 유효함
    ......
    y = x; // y에 전역 변수 x의 값인 20이 대입됨
    ......
    x = 1; // 전역 변수 x의 값이 1로 바뀜
    ......
    y = x; // y에 전역 변수 x의 값인 1이 대입됨 (x의 값이 1로 바뀜!)
}

void loop()
{                                                지역 변수 y의 유효 범위
    int y = 100; // 이 지역 변수 y는 위의 지역 변수 y와는
                 // 다른 변수이며, loop() 함수 안에서만 유효함
    ......
    y = x; // 지역 변수 y에 전역 변수 x의 바뀐 값(1)이 대입됨
    ......
    if( y == 1 ) // 지역 변수 y의 값이 1 이므로 조건이 true 임
    {                                            지역 변수 x의 유효 범위
        int x = -10; // 이 지역 변수 x는 위의 전역 변수 x와는
                     // 다른 변수이며, if() 구문 안에서만 유효함
        ......
        y = x; // 지역 변수 y에 지역 변수 x의 값(-10)이 대입됨
    }
    ......
    x = 1; // 전역 변수 x에 상수 1이 대입됨
}
```

4) if 조건문

if 조건문은 다음과 같은 몇 가지 형태로 사용됩니다.

```
if ( 조건 )
   // 조건이 참(true) 일 때 실행 할 내용
```

만약 조건이 참일 때 실행할 내용을 여러 줄로 작성해야 한다면 { } 괄호로 묶어줍니다.

```
if ( 조건 )
{
   // 조건이 참(true) 일 때 실행 할 내용들
}
```

그리고, 조건이 참이 아닌 경우를 작성해야 하면 else와 함께 사용할 수 있습니다.

```
if ( 조건 )
   // 조건이 참(true) 일 때 실행 할 내용
else
   // 조건이 거짓(false) 일 때 실행 할 내용
```

이 경우도 실행할 내용을 여러 줄로 작성해야 한다면 { } 괄호로 묶어줍니다.

```
if ( 조건 )
{
   // 조건이 참(true) 일 때 실행 할 내용들
}
else
{
   // 조건이 거짓(false) 일 때 실행 할 내용들
}
```

마지막으로 여러 조건을 계속 비교하며 사용하는 경우는 다음과 같습니다.

```
if ( 조건1 )
{
    // 조건1이 참(true) 일 때 실행 할 내용들
}
else if ( 조건2 )
{
    // 조건2가 참(true) 일 때 실행 할 내용들
}
else if ( 조건3 )
{
    // 조건3이 참(true) 일 때 실행 할 내용들
}
else
{
    // 위의 조건들이 모두 거짓(false) 일 때 실행
}
```

5) for 반복문

for 반복은 다음의 형식과 같이 특정 조건이 만족할 때까지 반복해서 실행할 때 사용합니다. 주로 시작 값과 끝 값이 주어질 때 많이 사용합니다.

```
for ( ① 시작_동작;  ② 조건_비교;  ④ 완료_동작 )
{
      ③ // 조건_비교 값이 참(true) 일 때 실행 할 내용
}
```

먼저 "시작_동작"을 실행합니다. 그리고 매 번 "조건_비교" 부분의 조건을 비교합니다. 만약 조건_비교 값이 참이라면 { } 괄호 속의 동작들을 실행합니다. { } 괄호 속의 동작들 실행이 끝나면 "완료_동작"을 실행 합니다. 그리고 다시 "조건_비교" 부분의 조건을 비교하여 참이면 { } 괄호 속의 동작들을 실행하고 "완료_동작"을 실행 하기를 계속 반복합니다.

즉 ①번 동작은 최초에 한번만 실행되며 주로 반복 횟수를 저장하기위한 변수를 초기화하는 용도로 사용합니다.

그 이후 ② → ③ → ④ 동작을 반복하게 되며 ②에 정의된 조건이 거짓이면 반복을 종료하게 됩니다.

②에는 반복을 하기 위한 조건이 들어가고 ③는 반복할 동작을 위한 코드들이 작성되며, ④에는 주로 반복 횟수를 증가 시키는 코드가 들어 갑니다.

예를 들어, 다음은 정수형 변수 i 값을 1에서 100까지 변화시키면서 모두 변수 sum에 더하는 프로그램입니다.

```
int  sum = 0;  // 초기 합계를 0으로 설정

for ( int  i = 1;  i <= 100;  i++ )
{
    sum += i;  // 현재 sum 값에 i 값을 더하기
               // 이 부분은 sum = sum + i 와 동일합니다.
}
```

참고로, 위의 코드가 실행되고 나면 for 반복문을 빠져 나온 최후의 i 값은 101 이며, 합계 sum의 값은 5050 이 됩니다.

6) switch 조건문

switch 조건문은 다음과 같이 어떤 변수의 값이나 연산 후의 값에 따라 서로 다른 해당 동작을 실행할 때 사용합니다.

```
Switch(변수)  1
{
  case 값 1:  2
      //변수의 값이 값1 일 때 실행  2-1
      break;

  case 값 2:  3
      //변수의 값이 값2 일 때 실행  3-1
      break;

  ......

  default:  4
      //변수의 값이 위의 모든 case 문에 해당하는  4-1
      //값이 아닐 때 실행되며, default 문은 생략할 수 있다.
      break;
}
```

만약 ①번 switch 문에서 "변수"의 값이 case 문의 "값1"과 같으면 ②-1번 부분을 실행하고 switch 문을 끝냅니다. 만약 ①번 switch 문에서 "변수"의 값이 case 문의 "값2"와 같으면 ③-1번 부분을 실행하고 switch 문을 끝냅니다. 만약 "변수"의 값이 위의 모든 case 문의 값들과 같지 않으면 마지막에 나오는 default 문의 ④-1번 부분을 실행합니다.

마지막의 ④번 default 문은 경우에 따라 생략할 수 있습니다. 참고로, 위의 switch 조건문은 다음과 같은 다중 if 문을 사용하는 경우와 구조가 유사합니다.

```
if( 변수 == 값1 )
{
   // 변수의 값이 값1 일 때 실행
}
else if( 변수 == 값2 )
{
   // 변수의 값이 값2 일 때 실행
}
else  // default : 에 해당함
{
   // 변수의 값이 위의 값들이 아닐 때 실행
}
```

switch 문에서 각 case의 끝을 나타내는 break 명령어도 필요한 경우 다음과 같이 의도적으로 생략하여 사용할 수 있습니다.

```
switch( 변수 )
{
case 값1 :
case 값2 :
    // 변수의 값이 값1 또는 값2 일 때 실행 됨
    // → 여기서 break가 생략된 경우

case 값3 :
case 값4 :
    // 변수의 값이 값1 또는 값2 이거나
    // 변수의 값이 값3 또는 값4 일 때 실행 됨
    break;
}
```

7) while 반복문

while 문은 다음과 같이 조건이 참인 동안 내부의 작업을 반복해서 실행합니다. 의도적으로 조건을 항상 참으로 만들어 무한 반복하게 만드는 경우도 있습니다.

while 문의 내부 작업들을 실행하다가 while 문의 실행을 끝내고 빠져나가려면 다음과 같이 break 명령을 사용할 수 있습니다.

break 명령과는 다르게 while 문의 내부 작업을 실행하다가 남은 아래의 내부 작업들을 실행하지 않고 다시 while 문의 처음으로 되돌아가서 조건을 판단하고 반복 실행을 하려면 continue 명령을 사용할 수 있습니다.

```
while( 조건 )
{
    // 조건이 참(true)인 동안 실행할 작업
    ......
    if( repeatAgain ) // 만약 repeatAgain이 참이면
        continue;     // while 문의 처음으로 되돌아가 반복합니다.
    ......
    if( exitLoop )    // 만약 exitLoop가 참이면
        break;        // while 반복문을 끝내고 빠져나갑니다.
    ......
}
```

8) do … while 반복문

do … while 반복문은 while 반복문과 유사하지만 비교 조건이 반복해서 실행되는 구간 뒤에 나오므로, 다음과 같이 어떤 작업을 한번은 무조건 실행한 후에 조건을 검사하여 조건이 참이면 다시 작업을 반복하는 구조입니다.

```
do
{
    // 처음에는 일단 내부의 작업을 실행 함
    ......
    if( repeatAgain ) // 만약 repeatAgain이 참이면
        continue;   // do 문의 처음으로 되돌아가 반복합니다.

    if( exitLoop )    // 만약 exitLoop가 참이면
        break;      // while 반복문을 끝내고 빠져나갑니다.
    ......
    // 아래 while()의 조건이 참(true)이면
    // 다시 do 문으로 되돌아가서 반복하여 실행함
} while( 조건 )
```

5 무작정 따라하며 스케치 사용법 배우기 - LED를 켜보자

여기서는 스케치 프로그램을 설치하면 포함되어 있는 예제 프로그램을 편집 화면 또는 작업 창으로 불러들여 컴파일하기 위하여 창의설계 코딩 키트를 조립하고 사용하기 전에 아두이노 우노 보드로 결과 파일을 다운로드 하는 과정을 따라 하면서 기본적인 스케치 프로그램의 사용법을 알아보도록 합니다.

1) LED 불빛을 켜는 원리

LED는 전기가 흐르면 빛을 내는 전기 부품입니다. 마치 우리가 꼬마 전구를 건전지와 연결하여 불을 켜던 초등학교 과학 실습 시간을 떠올려보면 LED는 꼬마 전구에 해당되겠습니다.

여기서 실습할 코딩 예제 스케치는 13번(또는 D13) 핀과 연결되어 있는 LED를 주기적으로 반복하며 켜고 끄는 프로그램입니다. 아두이노 우노 보드에는 13번 핀에 연결된 LED가 내장되어 있으므로 별도의 LED를 연결하지 않고 바로 프로그램 실행 결과를 눈으로 직접 확인할 수 있습니다.

2) 스케치 사용법 실습 – 예제 실행 따라하기

① 이제 우리가 창의설계 코딩 키트를 제어하는 코딩 실습을 하기 위해서는 먼저 다음과 같이 창의설계 코딩 키트와 PC를 USB 케이블로 연결하고, 윈도우 바탕 화면의 스케치 프로그램 아이콘( )을 더블 클릭하여 실행합니다.

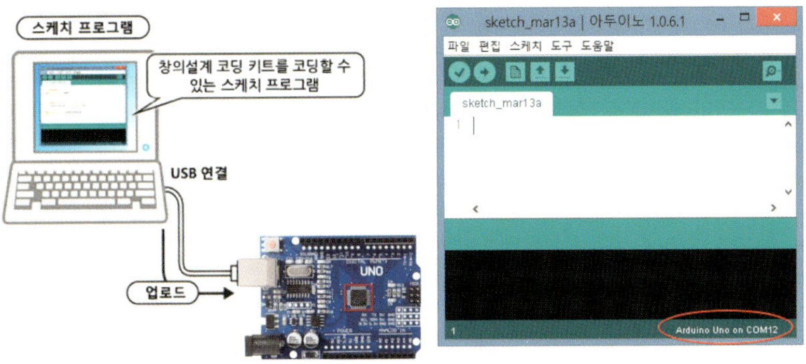

② 위의 그림에서 빨간 원으로 표시한 바와 같이 스케치 프로그램 하단의 상태 바에 어떤 종류의 보드가 어느 시리얼 포트에 연결되어 있는지를 보여줍니다.

③ 아두이노 우노 보드가 연결된 시리얼 포트를 확인하려면 컴퓨터의 장치관리자에서 확인할 수 있습니다. 장치관리자는 시작/실행에서 “devmgmt.msg”를 입력하면 실행됩니다.

④ 보드 종류는 [도구] 메뉴에서 아래와 같이 “Arduino Uno”로 선택합니다.

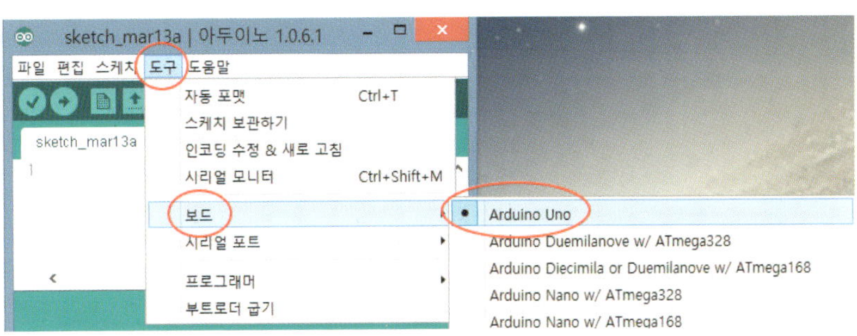

⑤ 연결된 시리얼 통신 포트 번호는 장치 관리자에서 확인하여 아래와 같이 [도구] 메뉴에서 바꾸어 선택하여 줍니다. 참고로 여기서는 12번 시리얼 통신 포트를 사용하고 있습니다.

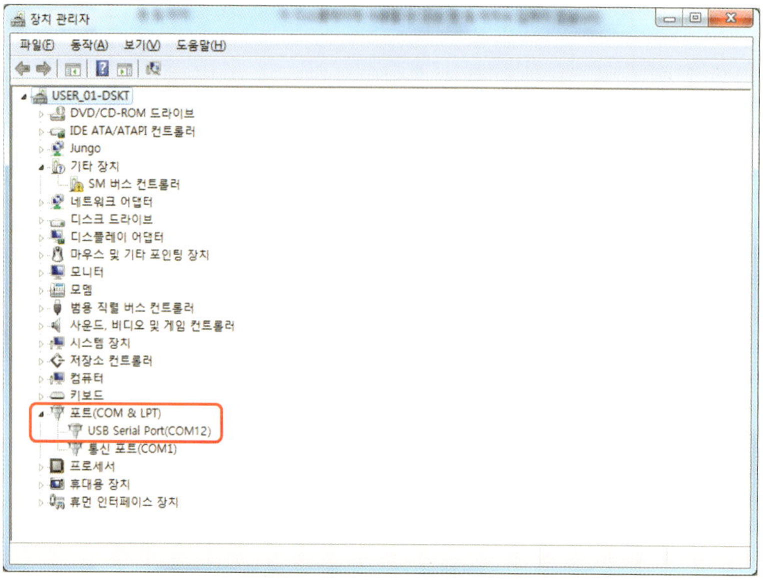

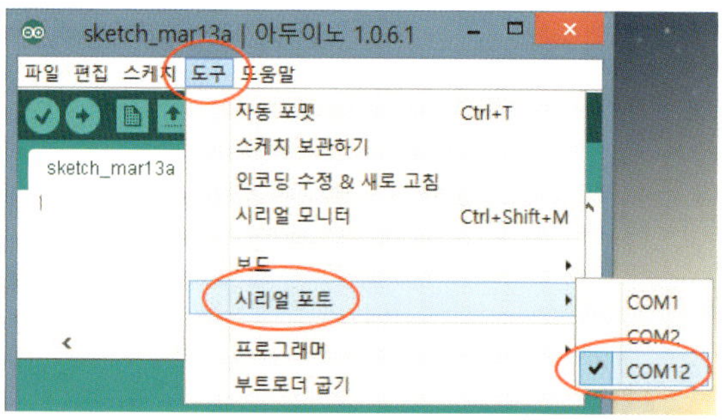

⑥ 이제 다음 그림에서와 같이 스케치 메뉴에서 [파일] → [예제] → [01. Basics] → [Blink] 메뉴를 따라가 선택하여 LED 깜빡이기 예제를 선택하여 엽니다.

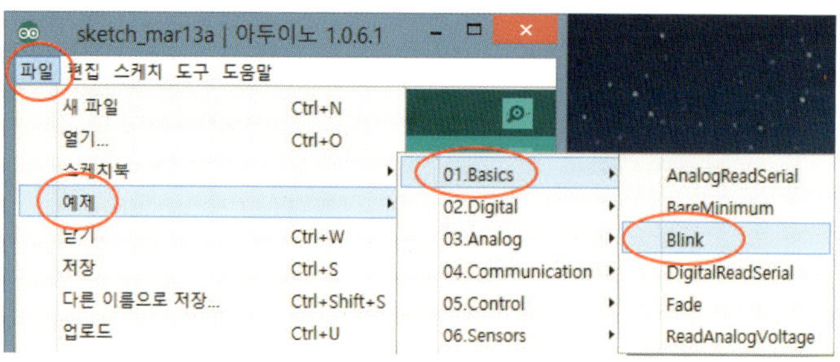

Blink 예제를 열면 새로운 스케치 프로그램 창이 하나 더 열리면서 다음과 같은 스케치 소스 코드가 보이게 됩니다.

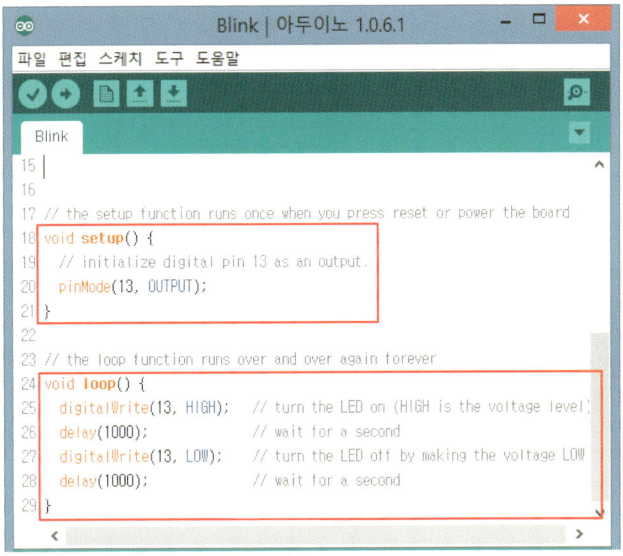

⑦ 소스 코드에 대한 설명은 뒤에서 하기로 하고, 어떻게 동작하는지 보기 위해 아래 이미지에서와 같이 스케치 프로그램의 툴 바에서 업로드 버튼을 클릭합니다.

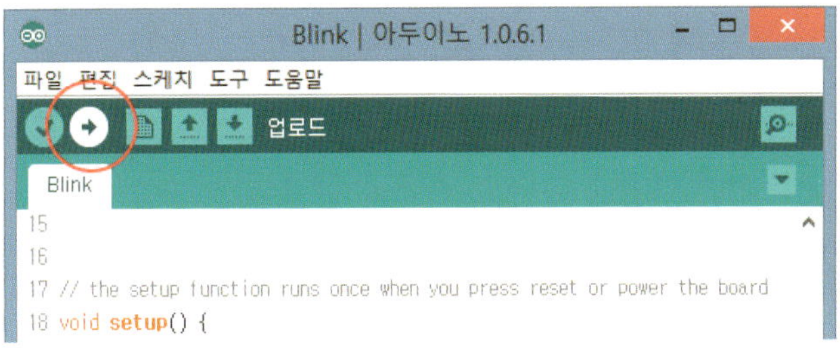

업로드 버튼을 클릭하면 다음 이미지에서와 같이 먼저 프로그램을 컴파일 합니다. 컴파일을 하게 되면 작성한 소스 코드를 아두이노 우노 보드에서 실행할 수 있는 이진 실행 파일을 만들어 줍니다. 앞에서 배운 것처럼 기계가 알아듣고 작업을 실행할 수 있는 기계어로 번역하는 것이죠. 컴파일 하는 동안은 "스케치 컴파일…" 문구를 진행 스크롤 바와 함께 보여줍니다.

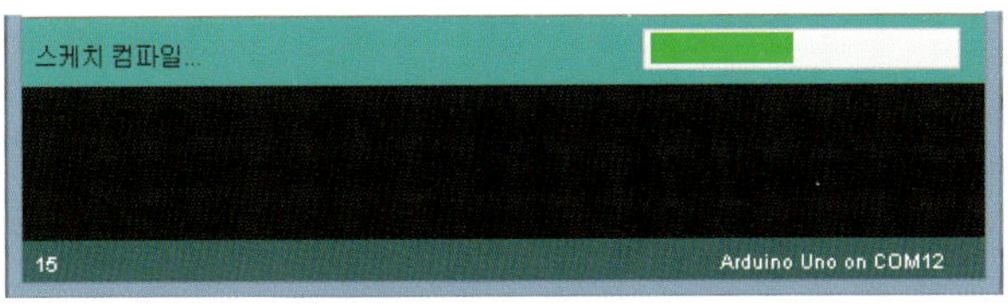

컴파일 과정에서 오류가 없는 경우에는 설정된 시리얼 포트를 통해 컴파일 된 프로그램 결과물인 이진 실행 파일을 아두이노 우노 보드로 업로드 합니다. 실행 파일을 업로드 하는 동안은 "업로딩…" 문구를 진행 스크롤 바와 함께 보여줍니다.

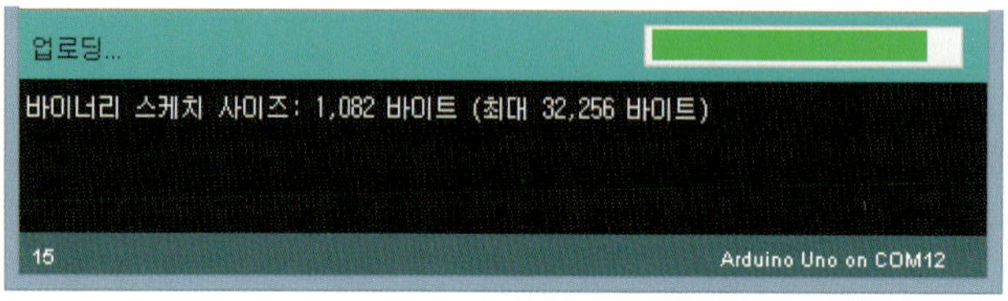

아두이노 우노 보드로 결과물 업로드가 완료되면 다음과 같이 파일 크기와 함께 "업로드 완료"라고 결과를 보여줍니다.

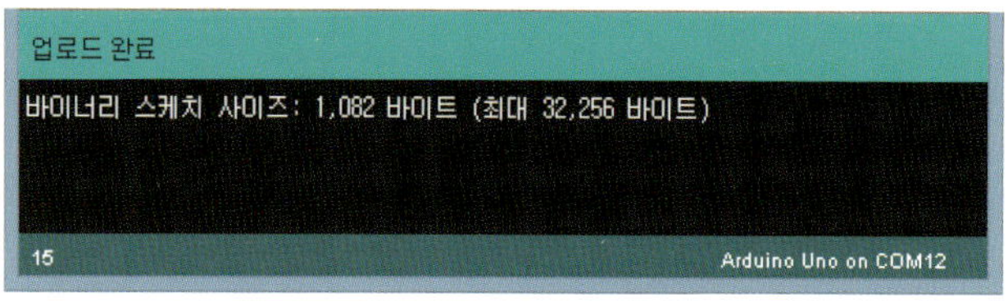

업로드가 완료되면 자동으로 프로그램이 실행되므로 아두이노 우노 보드에 내장된 LED가 1초 단위로 켜졌다가 꺼지는 것을 확인할 수 있습니다.

6 LED를 켜고 끄는 소스 코드 분석하기

이 예제의 소스 코드는 앞서 본 것처럼 다음과 같습니다. ①번 부분은 설명을 달아 놓은 주석이며, ②번 부분의 setup() 함수와 ③번 부분의 loop() 함수로 구성되어 있습니다. 이 2개의 함수는 스케치 프로그램에서 반드시 있어야 하는 기본 함수입니다. 처음 setup() 안의 코드들은 프로그램이 아두이노 우노 보드 에서 실행될 때 최초에 한 번만 먼저 실행됩니다. 그리고 바로 다음의 loop() 함수 안의 코드들이 계속해서 반복되며 끝없이 실행됩니다.

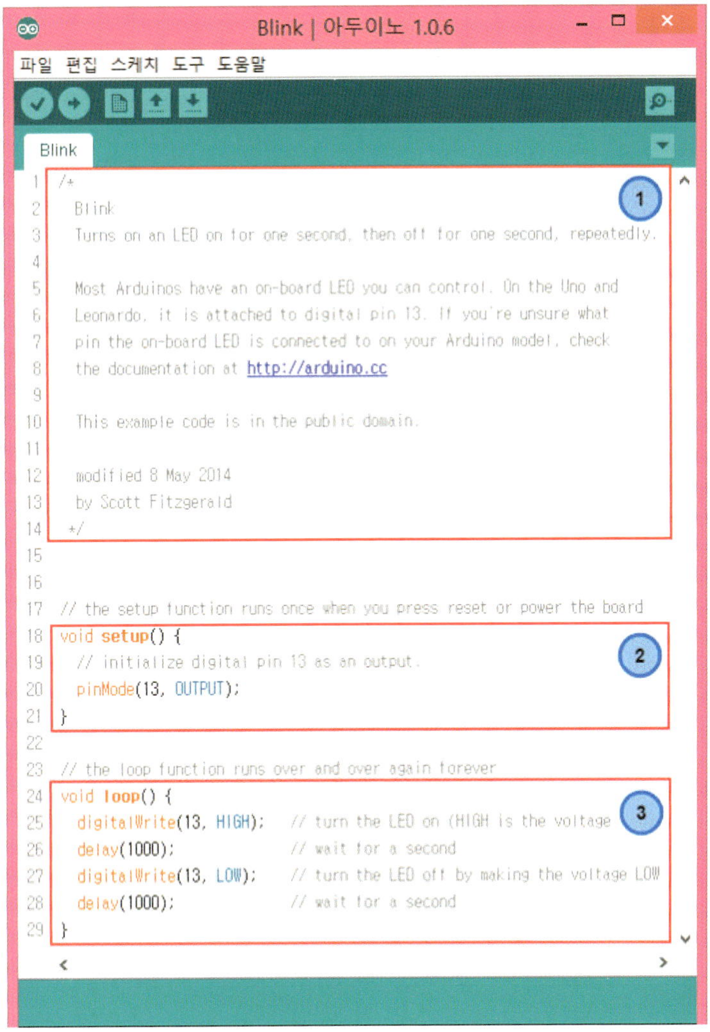

1) 주석(Comment)

위의 소스 코드에서 ①번 부분에 해당하며, 프로그램의 실행과는 무관하게 소스 코드에 대한 설명을 해 놓은 부분입니다. 소스에 대한 이해를 돕기 위해 주석을 달아 놓은 것이죠.

2) setup() 함수

다시 강조해서 설명하면, setup() 안의 코드들은 프로그램이 실행될 때 최초에 한 번만 먼저 실행된다고 했습니다.

함수 안의 첫 부분은 주석입니다. 실제로 프로그램이 실행될 때 동작되는 부분은 다음의 딱 한 줄입니다. 한편, 앞에서 아두이노 우노 보드의 사용자 LED가 13번 핀에 연결되어 있다고 했습니다. 이 LED는 출력장치이기 때문에 연결되어있는 13번 핀을 통해 전기를 내보내겠다고 설정하는 내용입니다. 즉, "13번 핀을 출력(OUTPUT) 모드로 설정한다"는 뜻입니다.

```
pinMode( 13, OUTPUT );
```

이처럼 pinMode()라는 함수를 사용하여 핀을 출력 혹은 입력 용도로 설정할 수 있습니다. 괄호 안에 연결 핀 번호와 OUTPUT 또는 INPUT 값을 넣어주면 됩니다. 앞으로 이 명령은 다른 예제의 setup() 함수 안에서도 거의 항상 사용됩니다.

3) loop() 함수

loop() 함수 안의 코드들은 앞에서 setup() 함수 안의 코드들이 실행된 이후에 계속해서 끝없이 반복되며 실행된다고 했습니다.

소스 코드는 두 부분으로 이루어져 있는데, 먼저 위의 부분을 살펴보겠습니다.

```
// 13번 핀으로 HIGH 상태의 전기를 흘려 보내라
digitalWrite( 13, HIGH );

// 1000 밀리초 동안 기다려라. 즉, 1초간 대기하라
delay( 1000 );
```

생각보다 내용이 쉽고 간단합니다. 다만 위의 setup() 함수 안에서 pinMode()

함수로 출력 핀으로 설정한 13번 핀으로 실제 전기를 흘려 내보내려면 위와 같이 digitalWrite() 함수를 사용해야 한다는 것만 알아두면 되겠습니다. 물론 여기서도 핀 번호와 HIGH 또는 LOW의 전기 상태를 괄호 안에 넣어주어야 합니다. 여기서는 13번 핀에 HIGH 상태의 전기를 내보내고 있죠. 참고로, 아두이노 우노 보드에서는 특별한 핀을 제외하고는 일반적으로 5볼트(V)의 전압을 사용하고 있습니다. 즉, HIGH 상태는 곧 5V를 의미하는 것입니다.

한편, 특정 시간 동안 기다릴 때는 delay() 함수를 호출하면 됩니다. 이 때 얼마나 오래 기다릴지 시간을 숫자로 넣어주어야 하는데, 시간의 단위는 1/1000초인 밀리초(ms) 입니다. 즉, 위의 코드에서 delay(1000)은 "1000 밀리초를 즉 1초를 기다려라"는 명령입니다. 즉 위 코드가 실행되면 LED가 1초동안 켜져 있게 됩니다.

이제 loop() 함수의 소스 코드에서 다음과 같은 아래 부분을 살펴보겠습니다.

```
// 13번 핀으로 LOW 상태의 전기를 흘려 보내라
digitalWrite( 13, LOW );

// 1000 밀리초 동안 기다려라. 즉, 1초간 대기하라
delay( 1000 );
```

이 코드를 보니 위의 코드와 거의 동일함을 알 수 있습니다. 다만 이번에는 전기를 LOW 상태를 내보내고 있습니다. 참고로, LOW 상태는 0볼트(V) 상태로 GND(Ground) 상태라고 알아두면 되겠습니다.

위 코드가 실행되면 LED가 1초동안 꺼져 있게 됩니다.

전체 프로그램이 실행되면 1초 간격으로 LED가 켜지고 꺼짐을 반복하게 됩니다.

그러면 우리가 이 전에 배웠던 순서도로 이 프로그램을 그려보면 어떻게 그릴 수 있을까요? 순서도를 보고 스케치 프로그램을 코딩 할 수 있어야 하는데, 반대로 프로그래밍 언어로 작성된 코드를 보고 순서도를 만들 수도 있어야 합니다.

먼저 setup() 함수가 실행되고 그 다음에 loop() 함수가 실행 된다고 했으니 일단은 다음과 같은 구조를 가지고 있을 것 같습니다.

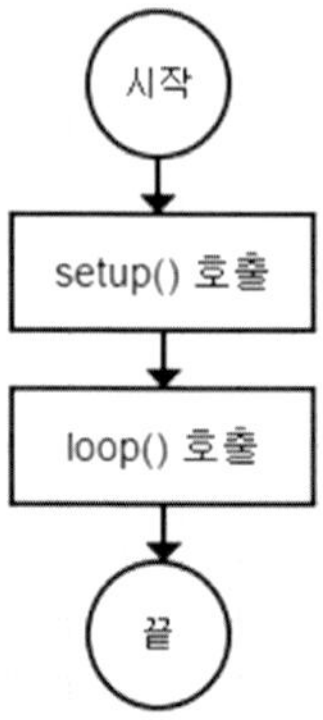

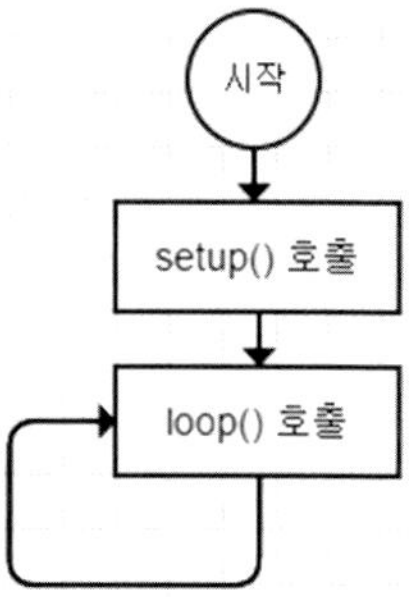

그런데, 스케치 프로그램의 loop() 함수는 끝없이 반복해서 실행된다고 했습니다. 그러면 위와 같이 loop() 함수를 한 번만 실행하고 끝나면 안되겠지요. 뭔가 오른쪽과 같은 구조를 가져야 합니다.

그러면 이제 답이 나옵니다. 위의 setup() 함수 내용을 차례로 쪼개어 나열하고, 또한 아래의 loop() 함수 안의 내용도 차례로 나열해주면 됩니다. 결국 우리가 만들 순서도는 다음과 같이 그릴 수 있습니다.

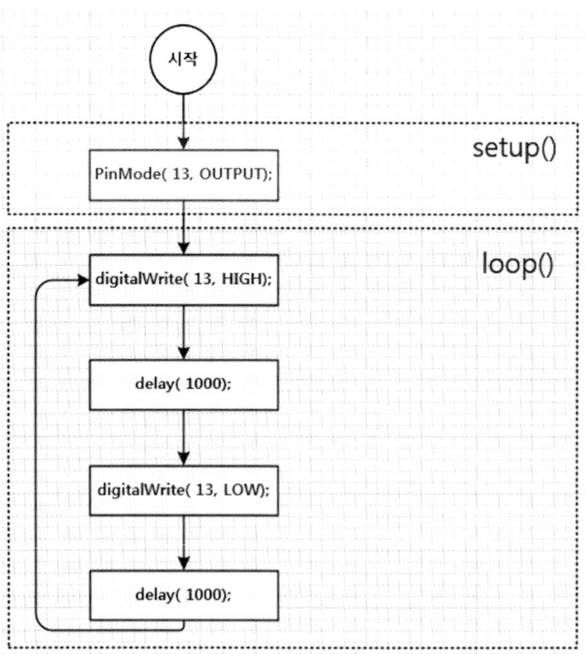

7 스케치 Reference 함수

스케치 프로그램에는 기본적인 핀 정의에서부터 사용자가 사용할 수 있는 유용한 함수들이 내장되어 있습니다. 아래는 주로 사용하는 주요한 함수들에 대한 설명이며 더욱 자세한 내용은 다음의 주소에서 참고하시기 바랍니다.

https://www.arduino.cc/en/Reference/HomePage#

분류	함수	설명
Digital I/O	pinMode()	핀 모드 설정: INPUT = 입력 설정 OUTPUT = 출력 설정 INPUT_PULLUP = 내부 PULLUP 입력 설정
	digitalWrite()	핀 출력 값 설정: HIGH = 5V 출력 LOW = 0V 출력
	digitalRead()	핀 입력 상태 확인: 해당 핀의 상태를 HIGH or LOW를 반환한다.
Analog I/O	analogReference()	ADC 기준 전압 설정 DEFAULT = 5V INTERNAL = 1.1V EXTERNAL = 외부 REF 입력 전압
	analogRead()	ADC핀에 입력되는 전압의 ADC변환값(0~1023)을 반환한다.
	analogWrite() - PWM	해당 PWM 핀에 PWM 주파수를 설정한다.
Advanced I/O	tone()	해당 PWM 핀에 50% duty의 구형파 출력
	noTone()	해당 PWM 핀에 tone 출력을 취소한다.
	pulseIn()	해당 핀의 입력 값이 설정한값으로 바뀔 때까지의 시간을 마이크로 초 단위로 반환한다.

Time	millis()	프로그램이 구동된 시간을 밀리 초 단위로 반환한다.
	micros()	프로그램이 구동된 시간을 마이크로 초 단위로 반환한다.
	delay()	입력된 밀리 초만큼 프로그램이 멈춘다.
	delayMicroseconds()	입력된 마이크로 초만큼 프로그램이 멈춘다.
Math	min()	두개의 입력 값 중 작은 값을 반환한다.
	max()	두개의 입력 값 중 큰 값을 반환한다.
	abs()	입력 값의 절대값을 반환한다.
	constrain()	입력된 데이터를 최대값과 최소값 이내의 값으로 반환한다.
	map()	입력 값을 첫번째 범위에서 두번째 범위 값으로 반환한다.
	pow()	입력 값의 제곱값을 반환한다.
	sqrt()	입력 값의 루트값을 반환한다.
Communication	Serial	시리얼 통신 객체를 제어한다.

창의설계

① 위의 LED 점멸 문제에서 LED가 켜진 후와 꺼진 후의 delay() 시간 대기 코드를 삭제하고 실행하면 LED 점멸 동작이 어떻게 달라지는지 알아봅시다.

② 위의 LED 점멸 문제에서 LED가 켜진 후에는 1초를 대기하고, LED가 꺼진 후에는 0.2초를 대기하도록 코드를 수정하여 실행하고, LED 점멸 동작이 어떻게 달라지는지 알아봅시다.

CHAPTER

03

하드웨어를 제어하는 코딩 실습

교육 목표

먼저 스케치로 출력 메시지를 확인하는 시리얼 모니터 기능을 배웁니다. 그리고 더 복잡한 알고리즘의 LED 점멸 문제를 코딩 해보고 스케치 사용법과 C언어 코딩에 자신을 가지도록 합니다. 또한 PWM 방식에 대해 이해하고 창의설계 코딩 키트에 LED를 연결하여 PWM 제어 코딩 실습을 합니다.

주요 키워드

시리얼 모니터, PWM 방식

CHAPTER

03

하드웨어를 제어하는 코딩 실습

1 시리얼 모니터 사용하기

프로그램을 하다 보면 어떤 명령을 실행하기 전이나 후의 시점에서 특정 변수의 값을 눈으로 확인하고픈 경우가 많이 있습니다. 프로그램이 잘 실행되고 있는지를 확인하기 위하여 실행되는 중간에 특정 메시지나 값을 출력하게 하는 방법입니다.

여기서는 복습을 겸해서 직전에 살펴보았던 LED를 켜고 끄는 예제를 사용하여 코드 내용을 바꾸어 가며 시리얼 모니터 사용법을 배우도록 합니다.

1) 연결 및 예제 코드 열기

먼저 다음과 같이 창의설계 코딩 키트와 PC를 USB 케이블로 연결하고, 윈도우 바탕화면의 스케치 프로그램 아이콘( )을 더블 클릭하여 실행합니다. 여기서는 이전에 설정했던 시리얼 통신 포트와 보드 설정은 생략합니다.

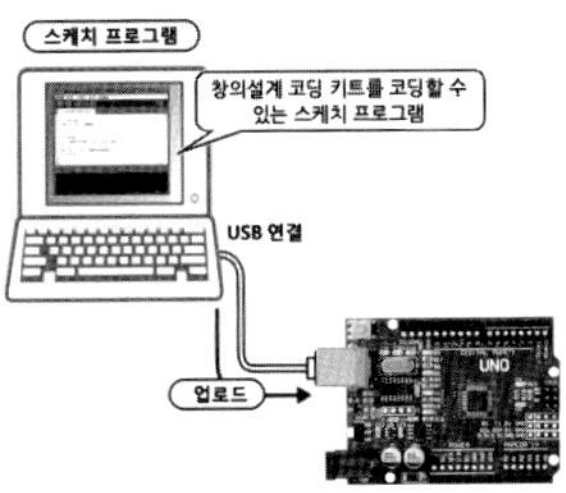

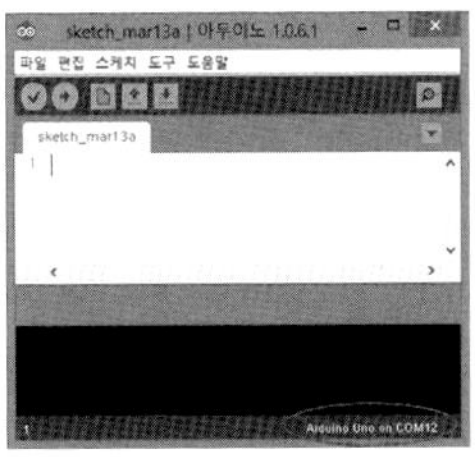

이제 다음 그림에서와 같이 스케치 메뉴에서 [파일]→[예제]→[01. Basics]→[Blink] 메뉴를 따라가 선택하여 LED 깜빡이기 예제를 선택하여 엽니다.

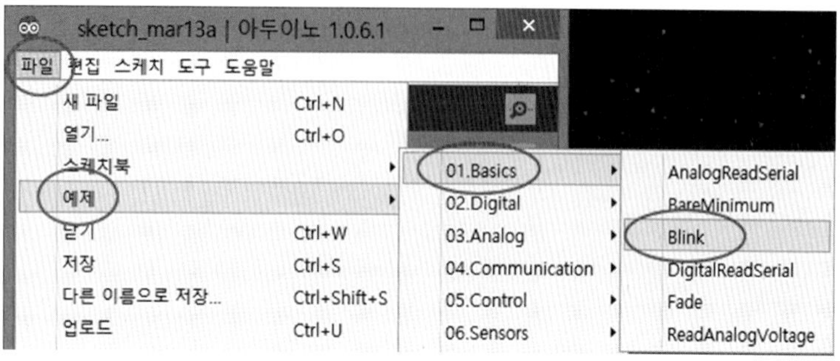

Blink 예제를 열면 새로운 스케치 프로그램 창이 하나 더 열리면서 다음과 같은 스케치 소스 코드가 보이게 됩니다.

Blink 예제는 아두이노 우노 보드의 내부에 13번 핀에 연결된 사용자 LED를 제어하는 예제로써 가장 기본이 되는 예제 중 하나입니다. 이번 실습에서는 기본 예제에 시리얼 통신 기능을 추가하여 LED 상태 값과 변수 값을 출력하는 프로그램 실습을 시행합니다.

setup()함수는 프로그램 실행 시 최초 한번만 실행되는 프로그램으로 LED 출력 핀의 정의와 시리얼 통신 초기화하는 부분을 추가하고 무한 반복되는 loop() 함수에는 LED제어와 시리얼 데이터 전송에 관한 프로그램을 추가합니다.

2) 메시지 출력 코딩하기

바로 다음에 프로그램을 실행하여 시리얼 모니터로 볼 때 메시지를 출력하기 위해서 코드에 출력되기를 원하는 메시지를 먼저 넣어주어야 합니다. 여기서는 LED를 켜기 전과 끄기 전에 해당 메시지를 출력하도록 하겠습니다.

먼저, 소스 코드를 다음과 같이 수정하여 시리얼 통신 포트를 초기화하는 부분과 시리얼 포트로 텍스트를 프린트하는 구문을 추가합니다.

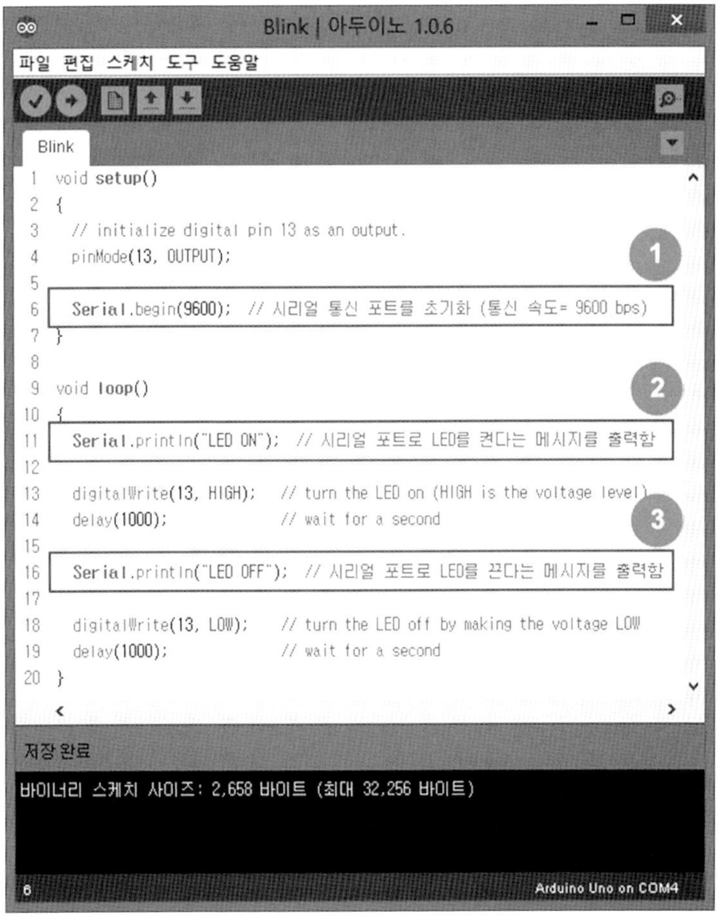

위의 코드에서 사각형으로 표시한 부분이 추가된 부분입니다. ①번 부분은 현재 사용하는 시리얼 통신 포트인 COM4 포트를 전송 속도는 9600 bps로 초기화 하여 사용할 준비를 하는 코드 입니다. ②번 부분은 "LED ON" 메시지를 통신 포트로 출력하는 코드입니다. 그 다음 줄에서 LED를 실제로 켜는데, LED가 곧 켜진다는 의미로 프린트 하는 것입니다. 이 메시지는 시리얼 통신 포트로 전송되는데, 다음에 배울 시리얼 모니터가 이렇게 전송된 메시지를 받아 화면에 출력해주는 역할을 합니다. ③번은 "LED OFF" 메시지를 출력하는데, 곧 다음 명령에 의해 LED가 꺼진다는 것을 미리 알려주는 메시지 입니다.

3) 업로드 후에 시리얼 모니터 띄우기

수정한 코드를 다음과 같이 업로드 버튼을 클릭하면 새로 컴파일이 되어 실행 파일이 생기고 이어서 자동으로 아두이노 우노 보드로 업로드 됩니다.

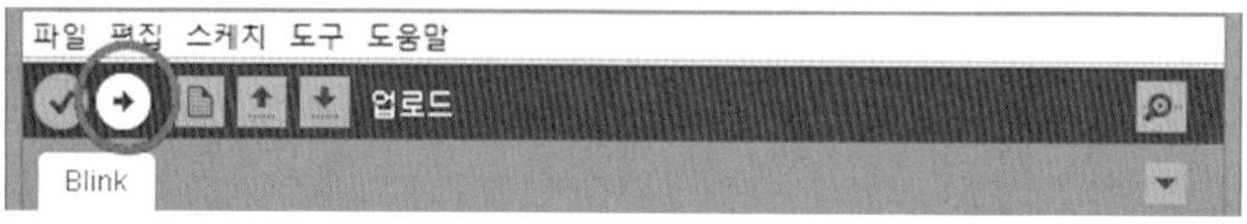

오류 없이 컴파일과 업로드가 끝나면 프로그램이 실행되어 아두이노 우노 보드의 사용자 LED가 1초 간격으로 켜지고 또 꺼지게 됩니다. 비록 스케치 화면에는 다른 메시지가 출력되지 않지만 시리얼 포트로 계속 메시지를 전송하고 있는 상태입니다.

그러면 이제 출력 메시지를 확인하기 위해서 다음과 같이 시리얼 모니터 버튼을 클릭하면 프로그램이 새로 실행되면서 별도의 창으로 시리얼 모니터가 나타납니다. 참고로, 시리얼 모니터에 원으로 표시된 통신 포트 번호와 전송 속도 부분을 확인합니다. 포트 번호는 예제는 COM4로 되어 있지만 PC의 포트 사용에 따라 바뀝니다.

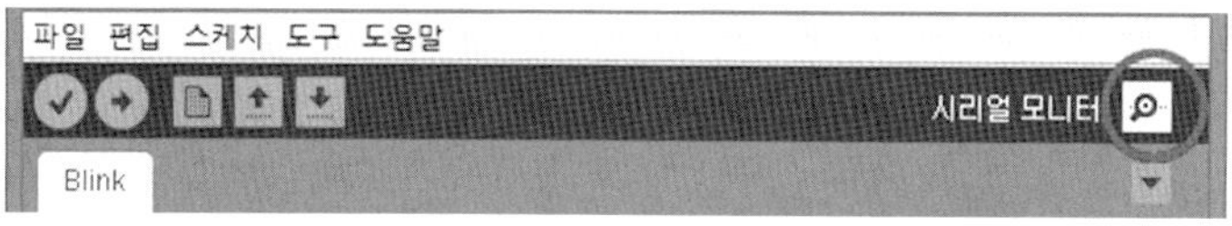

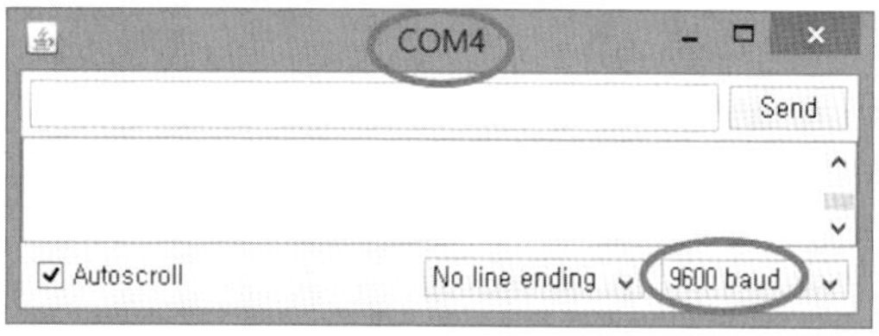

4) 시리얼 모니터로 출력 메시지 확인

시리얼 모니터가 실행될 때 프로그램은 처음부터 다시 실행됩니다. 그래서 시리얼 모니터 창으로 다음과 같은 출력 결과가 나올 때까지 약간의 시간을 기다릴 수도 있습니다.

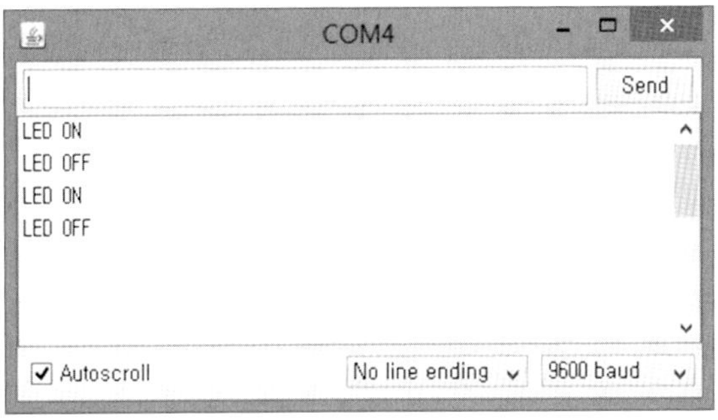

5) 정수 변수의 값을 출력하는 코딩하기

이번에는 소스 코드를 약간 수정하여 LED가 몇 번째로 켜지는지 회수를 같이 출력해보기로 합니다. 먼저 소스를 다음과 같이 수정합니다.

```
Blink§
int  Count = 0;  // LED가 몇 번째로 켜지는지 회수

void setup()
{
  // initialize digital pin 13 as an output.
  pinMode(13, OUTPUT);

  Serial.begin(9600);  // 시리얼 통신 포트를 초기화 (통신 속도= 9600 bps)
}

void loop()
{
  Serial.print( ++Count );  // 먼저 Count를 1 증가시킨 후에 Count 값을 출력
  Serial.println("> LED ON");  // 시리얼 포트로 LED를 켠다는 메시지를 출력함

  digitalWrite(13, HIGH);   // turn the LED on (HIGH is the voltage level)
  delay(1000);              // wait for a second

  Serial.println("--- LED OFF");  // 시리얼 포트로 LED를 끈다는 메시지를 출력

  digitalWrite(13, LOW);    // turn the LED off by making the voltage LOW
  delay(1000);              // wait for a second
}
```

위의 코드에서 사각형으로 표시한 부분이 변경된 부분입니다. ①번 부분은 몇 번째로 LED를 켜는지 회수를 가지는 정수형 변수인 Count를 선언하는 코드 입니다. 처음 초기 값으로 0을 대입합니다.

②번 부분은 먼저 변수 Count의 값을 증가시킨 후에 Count의 값을 프린트 하는 코드입니다. 여기서 다음과 같은 내용은 꼭 알아두고 넘어가야 하겠습니다.

코드	설명
동작함수(++Count);	먼저 Count 변수의 값을 1 증가 시킨 후에 동작함수()를 호출함.
Serial.print("메시지");	"메시지"를 출력한 후에 다음 줄로 넘기지 않음
Serial.println("메시지");	"메시지"를 출력한 후에 1줄 넘김

③번은 LED를 끈다는 메시지를 출력하는 부분으로, Count 변수 값은 출력하지 않습니다. 여기서 소스 코드의 내용이 많이 바뀌었으므로 다른 이름으로 파일을 저장하기로 합니다. 다음과 같이 스케치의 [파일] 메뉴에서 [다른 이름으로 저장…]을 선택합니다.

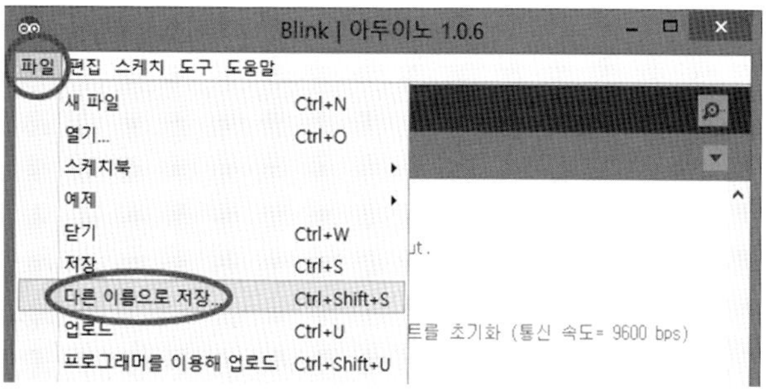

다음과 같이 나타나는 파일 저장 메뉴에서 파일 이름을 "Blink_Serial_Monitor"라고 입력하고 저장 버튼을 눌러 저장합니다.

이제 다음과 같이 파일 이름이 바뀌어 보이게 됩니다. 여기서 한 가지 참고할 사항은, 스케치로 파일을 저장하면 지정한 파일 이름의 폴더가 만들어지고, 그 폴더 속에 같은 이름의 파일로 저장된다는 점입니다. 파일 확장자는 ".ino" 입니다.

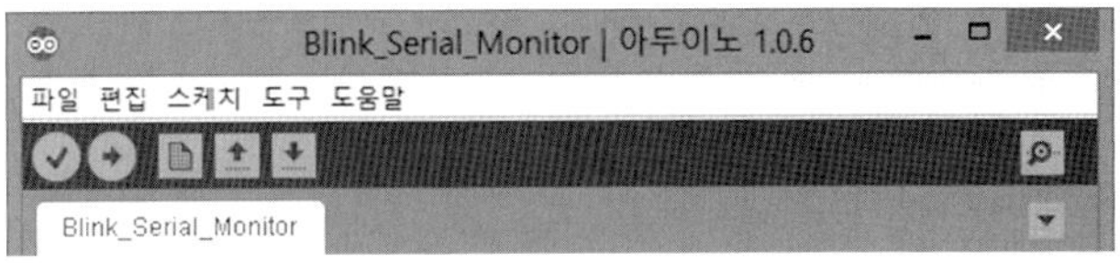

이제 위의 3)번 과정과 같이 업로드 한 후에 시리얼 모니터를 실행합니다. 이번에 시리얼 모니터로 출력되는 내용을 다음과 같습니다.

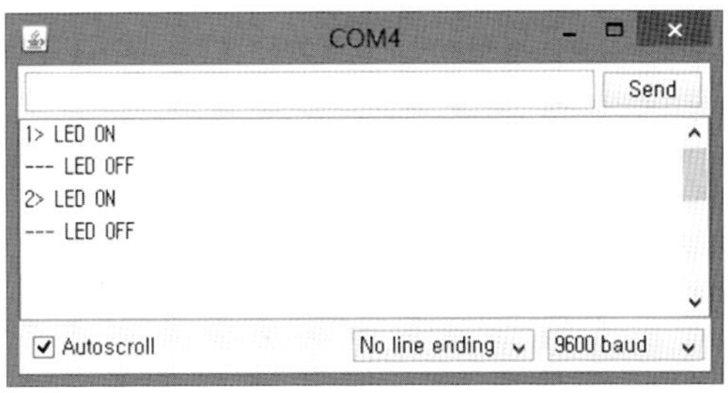

2 복잡한 LED 점멸 문제로 코딩하기

1) 복잡한 LED 점멸 문제와 순서도

이제 우리가 코딩으로 풀어 볼 문제의 내용은 다음과 같습니다.

문제

처음에는 LED를 켜고 1초 대기하며, LED를 끄고 1초 대기하기를 3회 반복합니다. 그 다음에는 LED를 켜고 0.5초 대기하며, LED를 끄고 0.5초 대기하기를 3회 반복합니다. 그런 다음 다시 처음부터 다시 시작합니다.
LED를 켜고 끄기를 반복하는 순서가 1-2-3-4-5-6-1-2-3-4-5-6-··· 순으로 무한 반복되는데, 1-2-3일 때는 1초씩, 4-5-6일 때는 0.5초씩 LED를 켜고 끈 다음 대기합니다. 단, 매번 LED를 켜기 전에는 시리얼 포트로 반복하는 순서 1에서 6번 중에 해당 번호를 출력하여야 합니다.

뭔가 문제가 길어서 조금 복잡해 보이지만, 알고 보면 많이 복잡한 내용은 아닙니다. 일단 먼저 코딩할 내용을 순서도로 그려보면 다음과 같습니다.

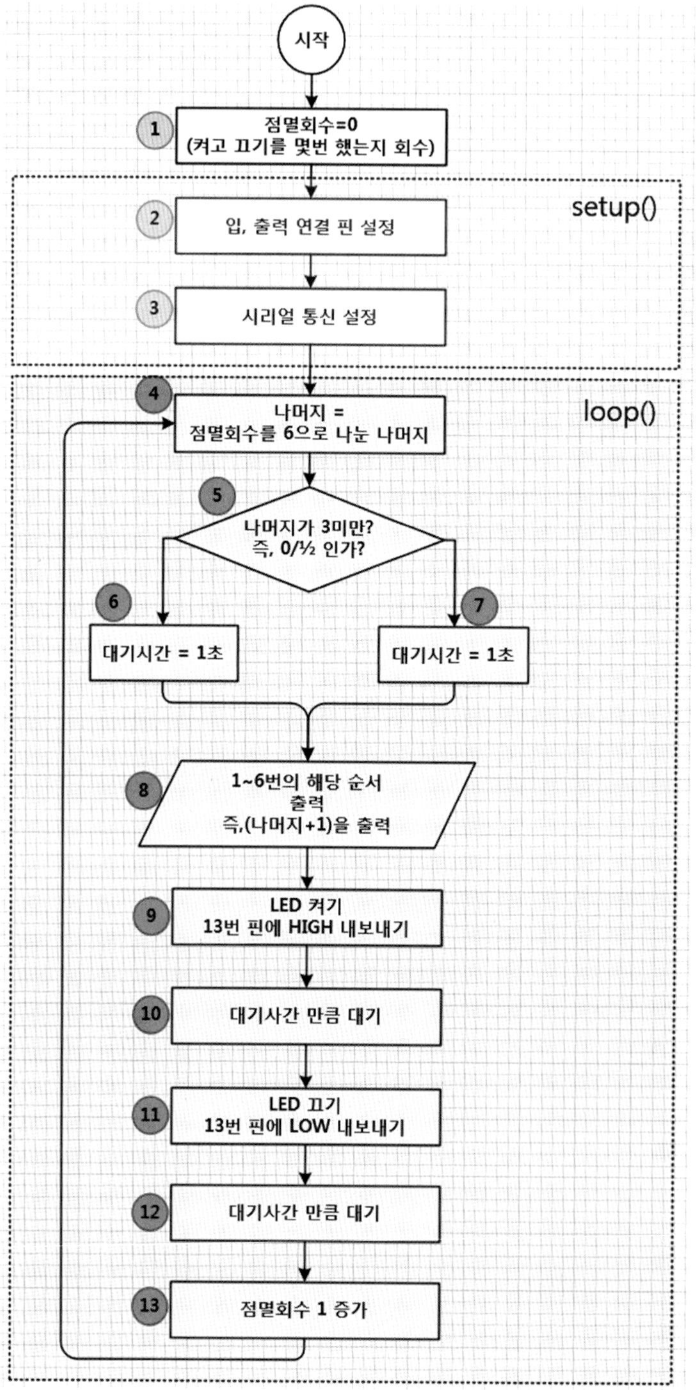

처음에 setup() 함수 안에서 초기 설정 작업을 진행하고, loop() 함수 안에서 3번은 1초씩, 3번은 0.5초씩 LED를 켜고 끄는 작업입니다. 다만, LED를 켜기 전에 총 점멸 회수를 6으로 나눈 나머지에 1을 더해서, 1~6 사이의 번호를 프린트 한다는 점에 유의하면 되겠습니다.

또한, 1초 지연 3번과 0.5초 지연 3번을 합해 모두 6번의 점멸이 계속 반복되므로, 지금까지 LED가 켜지고 꺼진 총 점멸 회수를 6으로 나눈 나머지로 순서를 정할 수 있습니다. 6으로 나누면 나머지는 0부터 5까지가 나오므로, 1부터 6까지의 순서로 프린트를 하려면 나머지에 1을 더해서 프린트하면 됩니다.

내용	설명 및 예시
총 점멸 회수 (변수= Count)	지금까지 LED가 켜지고 꺼진 총 점멸 회수 0, 1, 2, 3, 4, 5, 6, 7, 8, 9, ...
6으로 나눈 나머지 (변수= orderNumber)	총 점멸 회수를 6으로 나누었을 때의 나머지 0, 1, 2 (= 1초 대기)와 3, 4, 5 (= 0.5초 대기)
1부터 6까지의 순서	1부터 6까지 시리얼 포트로 프린트 할 순서 1, 2, 3 (= 1초 대기)와 4, 5, 6 (= 0.5초 대기)

2) 코드 작성 및 분석

① 먼저 LED를 켜고 끄기를 몇 번이나 했는가를 판단할 때 사용할 변수가 필요한데, 정수형인 Count라는 변수를 사용하겠습니다. Count는 총 LED 점멸 회수를 저장하는 변수로 초기 값은 0입니다. 이는 다음의 코드에 해당하며, 원안의 번호는 위의 순서도에서의 번호와 일치하는 내용입니다.

```
int   Count = 0; // LED 점멸 회수   ①
```

② 다음은 setup() 함수 안에서 LED가 연결된 핀을 출력 용으로 설정하는 코드입니다. 사용자 LED는 13번 핀에 연결되어 있습니다.이 부분은 다음과 같은 코드

에 해당하며 이전 예제에서 자세히 설명하였습니다. pinMode()는 스케치의 기본 함수로서 입출력 설정을 담당합니다.

```
void setup( )
{
  pinMode ( 13, OUTPUT );  // 디지털 핀 13번을 출력용으로 설정          ②
  Serial.begin( 9600 );  // 시리얼 포트 초기화 (통신속도 9600bps)      ③
}
```

③ setup() 함수 안에서 시리얼 통신 포트를 초기화 하는 코드입니다.

④ 이제부터 무한 반복되면서 실행되는 loop() 함수 안의 코드가 시작됩니다. 먼저 loop() 함수 안에서 사용할 다음과 같은 정수형 변수 2개를 선언합니다. 여기서 delayTime은 LED를 켠 후와 끈 후에 대기할 지연 시간을 설정할 때 사용할 변수입니다.

```
void loop( )
{
 int orderNumber; // 6으로 나눈 나머지 저장
 int delayTime;      // 처음 3번이냐 나중 3번이냐에 따른 대기시간      ④
 orderNumber = Count % 6; // Count를 6 으로 나눈 나머지                ⑤
 if( orderNumber < 3)  // 나머지가 3보다 작은가?
   delayTime = 1000; // 나머지가 0,1,2인 경우 대기시간 1초
 else                                                                  ⑥
   delayTime = 500;  // 나머지가 3,4,5인 경우 대기사간 0.5초
```

⑤ 총 점멸 회수를 6으로 나누었을 때의 나머지인 0에서 5까지의 숫자로 6번 반복되는 점멸 중에서 몇 번째 인지를 알 수 있습니다. 나머지 숫자에 따라 LED가 켜지고 꺼진 후의 대기 시간을 정하는 코드에서 사용됩니다.

⑥ 총 점멸 회수를 6으로 나누었을 때의 나머지 숫자가 처음 3개 중의 하나인 경우, 즉 0이나 1 또는 2인 경우인가를 비교하는 코드입니다. 각각 나머지 숫자가 처음 3개중의 하나인 경우, 즉 0이나 1 또는 2인 경우는 지연 시간을 1초에 해당하는 1000으로 설정하는 코드 부분과, 나머지 숫자가 나중 3개중의 하나인 경우, 즉 3이나 4 또는 5인 경우는 지연 시간을 0.5초에 해당하는 500으로 설정하는 코드 부분입니다.

⑦ 다음은 시리얼 포트로 1부터 6까지의 중에서 이번 점멸 순서를 출력하는 코드입니다. 나머지 값에 1을 더해서 출력합니다.

```
    Serial.println( orderNumber + 1 ) // 1,2,…,6 중에서 해당순서 출력   ⑦
    digitalWrite( 13, HIGH );  //13번 핀에 연결된 LED 켜기
    delay( delayTime );  // delayTime 만큼 대기                        ⑧

    digitalWrite( 13, LOW );  // 13번 핀에 연결된 LED 끄기
    delay( delayTime );                                                  ⑨
    Count++  // LED 점멸 회수 1 증가                                     ⑩
}
```

⑧ LED가 연결된 13번 핀으로 HIGH를 출력하여 LED를 켜는 코드와, 켠 후에 불빛이 사람 눈에 충분히 보이도록 delayTime 만큼의 시간 동안 대기하는 코드입니다. 참고로, delayTime은 위에서 이미 결정된 지연 시간입니다.

⑨ LED가 연결된 13번 핀으로 LOW를 출력하여 LED를 끄는 코드와, 끈 후에 꺼진 상태가 사람 눈에 충분히 인식되도록 delayTime 만큼의 시간 동안 대기하는 코드입니다.

⑩ LED를 켜고 끄기까지 끝난 후에 마지막으로 총 점멸 회수를 1 증가시키는 코드입니다. 이후에 다시 반복 loop()의 처음으로 되돌아 갑니다.
참고로, Count 변수는 전역변수이며 orderNumber, delayTime은 loop함수의 지역변수 입니다. 전체 코드 리스트는 다음과 같습니다.

Blink_Debugging

```
int  Count = 0;  // 총 LED 점멸 회수

void setup()
{
  pinMode( 13, OUTPUT );  // 디지털 핀 13번을 출력용으로 설정
  Serial.begin( 9600 );  // 시리얼 통신 포트를 초기화 (통신 속도= 9600 bps)
}

void loop()
{
  int  orderNumber;  // 6으로 나눈 나머지, 즉 0/1/2/3/4/5 중의 하나
  int  delayTime;    // 처음의 3번이냐 또는 나중 3번이냐에 따른 대기 시간

  orderNumber = Count % 6;  // Count를 6으로 나눈 나머지 (0/1/2 또는 3/4/5)

  if( orderNumber < 3 ) // Count를 6으로 나누어 나머지가 3보다 작은가?
    delayTime = 1000;   // 나머지가 0/1/2 인 경우는 대기 시간을 1초로 설정
  else
    delayTime = 500;    // 나머지가 3/4/5 인 경우는 대기 시간을 0.5초로 설정

  Serial.println( orderNumber + 1 ); // 1-2-3-4-5-6 중에서 해당 순서 출력

  digitalWrite( 13, HIGH );  // LED가 연결된 13번 핀에 HIGH(5V) 출력, 켜기
  delay( delayTime );        // delayTime 만큼 대기

  digitalWrite( 13, LOW );  // LED가 연결된 13번 핀에 LOW(0V) 출력, 끄기
  delay( delayTime );       // delayTime 만큼 대기

  Count++;  // 총 LED 점멸 회수 1 증가
}
```

3) 업로드 및 실행 결과 확인

위에서 코딩한 내용을 앞의 예제들에서 설명했던 것처럼 업로드하고, 시리얼 모니터를 띄워서 출력되는 메시지를 살펴보기로 하겠습니다. 다음 이미지에 업로드 버튼과 시리얼 모니터를 띄우는 버튼을 표시해 두었습니다. 혹시 업로드 방법과 시리얼 모니터를 띄우는 방법에 대해 더 자세히 알고 싶으면 이전 예제들을 참고하세요.

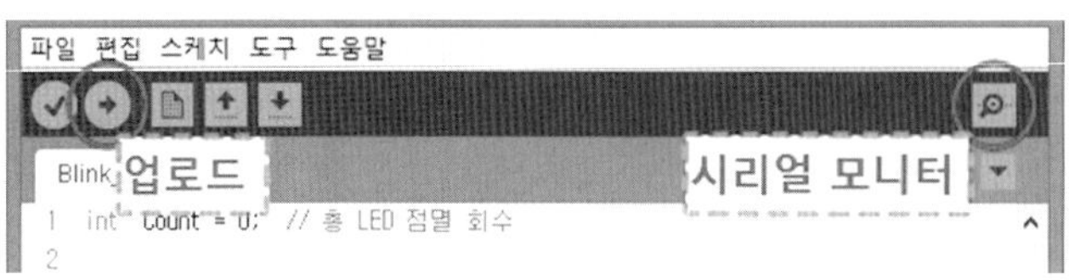

시리얼 모니터로 출력되는 메시지를 살펴보면 다음과 같습니다. 1에서 6까지의 LED 점멸이 계속 반복되는데, 처음 1~3에서는 켜진 후나 꺼진 후에 1초씩 기다리며, 나중의 4~6에서는 절반의 시간으로 줄어듭니다.

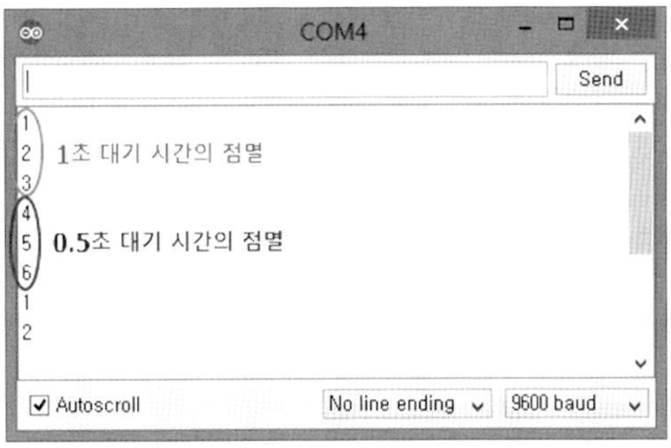

3 PWM이란 - 서서히 깜빡이며 LED 점멸하기

단순히 LED를 켜고 끄는 이전의 LED 점멸 예제들과는 달리 여기서는 LED를 서서히 점점 더 밝게 켰다가 다시 서서히 점점 더 어둡게 꺼져가는 예제를 실행해보도록 합니다.

1) PWM(Pulse Width Modulation)

PWM이란 아래 이미지에서와 같이 우리가 LED를 켜기 위해서 핀으로 내보내는 전기 펄스의 주기 중에 활성화(=HIGH, ON)되어 있는 폭(=시간)을 바꾸어 전기적 세기를 조절하는 방식입니다. 예를 들어, 다음 이미지의 첫 번째 구간과 같이 전체 신호 중에서 중간 중간마다 균등하게 10% 정도의 구간만 5볼트로 활성화된다면 전체 신호의 평균값으로 0.5볼트가 됩니다. 만약 100% 전체가 다 활성화되어 항상 신호가 HIGH 상태라면 당연히 전체 전기적 신호는 5볼트가 되겠지요.

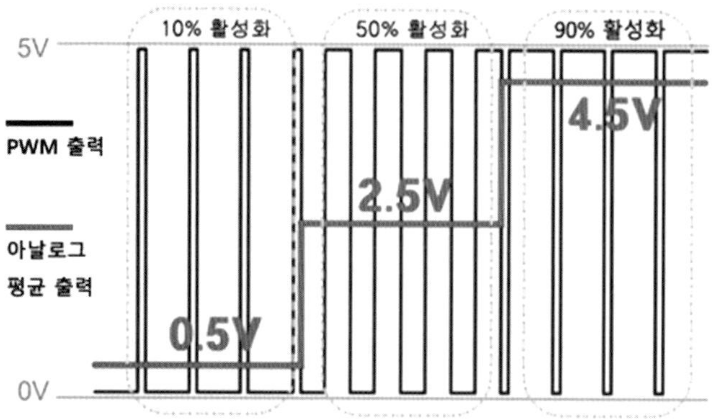

2) LED 연결 및 Fade 예제 결과 확인

(1) 외부 LED를 창의설계 코딩 키트와 연결하기

지금부터는 조립된 창의설계 코딩 키트를 이용하여 실습을 진행하며, 창의설계 코딩 키트에 연결되어 있는 컬러 LED 중에서 디지털 9번핀에 연결되어 있는 파랑색 LED를 이용하여 코딩을 하겠습니다.

센서 및 장치		아두이노 연결 핀
파랑LED(Blue LED)	디지털(PWM)출력	디지털 9번 핀
초록LED(Green LED)	디지털(PWM)출력	디지털 6번 핀
빨강LED(Red LED)	디지털(PWM)출력	디지털 5번 핀

아래그림은 창의설계 코딩 키트와 연결되어있는 컬러 LED입니다.

(2) Fade 예제 열기

이제 다음 그림에서와 같이 스케치 메뉴에서 [파일] → [예제] → [01. Basics] → [Fade] 메뉴를 따라가 선택하여 LED를 점멸하는 예제를 선택하여 엽니다.

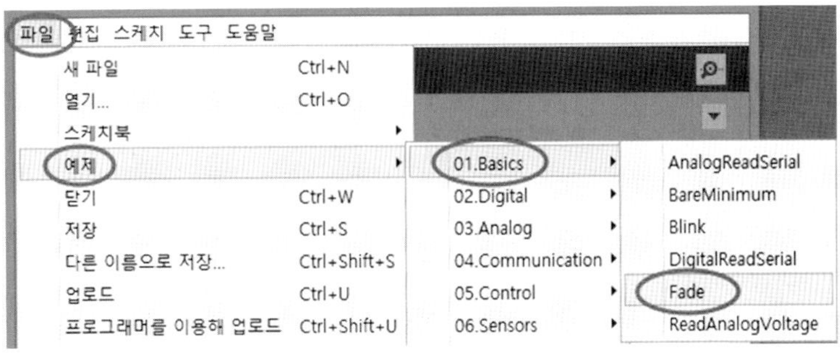

소스 코드에서 다음과 같이 LED 핀이 9번 핀에 지정되어 있는지 확인합니다.

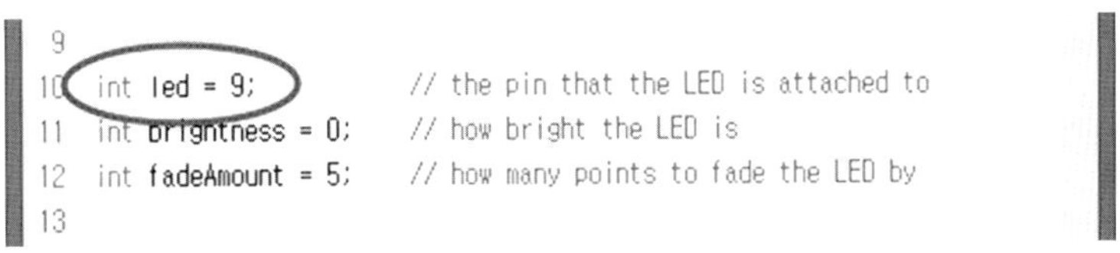

(3) 실행 결과 먼저 확인해보기

먼저 어떻게 동작되는지 확인해보기 위해서 다음과 같이 업로드 버튼을 클릭하여 실행해봅니다.

컴파일과 업로드가 완료되고 자동으로 프로그램이 실행되면 창의설계 코딩 키트에 연결되어있는 컬러 LED의 파랑색이 서서히 밝아졌다가 다시 서서히 어두워지는 것을 반복하는 결과를 볼 수 있습니다.

3) Fade 예제 순서도

코드 처음에 LED가 연결된 핀 번호를 정의하고 전역변수로 사용될 변수와 상수를 선언합니다. setup() 함수에서는 LED가 연결된 핀을 출력으로 정의합니다. loop() 함수에서는 30mS마다 LED가 연결된 핀으로 출력되는 490Hz의 PWM 파형의 duty 비율을 변경해가면서 LED의 밝기를 변화시키는 내용입니다.

전체 예제의 코드 내용을 순서도로 그려보면 다음과 같습니다.

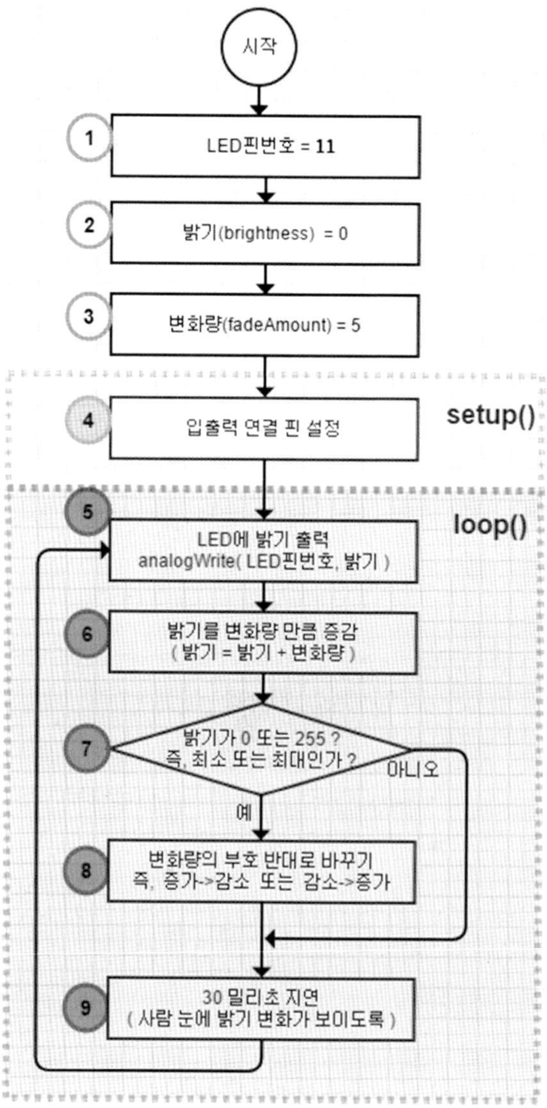

4) Fade 예제 코드 분석

먼저 소스 코드의 가장 윗부분은 주석으로 예제에 대한 간단한 설명입니다.

①번 부분에서는 먼저 LED를 연결하여 사용할 핀 번호를 지정하는 코드입니다. 여기서는 led라는 변수에 핀 번호 9번을 설정합니다. 참고로, 이 핀 번호는 프로그램이 실행되는 전체에 걸쳐 고정된 값으로 바뀌지 않는 값입니다. 이런 경우는 다음과 같이 "#define"을 사용하거나 상수라는 뜻으로 "const int"로 선언하여도 무방합니다.

```
#define   led   9
또는,
const int  led = 9;
```

다음으로는 ②번 부분에서 현재 LED로 내보낼 밝기 값을 저장하는 정수형 변수 brightness를 선언하고, 초기 값으로 0을 설정합니다. 그리고 매번 밝기 변화는 ③번 부분에서 fadeAmount라는 정수형 변수를 사용하며, 변경 단위로 5를 설정합니다.

analogWrite() 함수는 490Hz의 구형파 펄스폭을 변조하여 출력하는데 0~255까지 펄스폭을 변조하여 0V~5V까지 출력하게 되며 255에 가까울수록 High의 폭이 넓고 0에 가까울수록 Low폭이 넓어지게 됩니다.

즉 PWM변조를 사용하여 디지털 핀을 통해 0V~5V까지의 아날로그 값에 해당하는 전압을 발생시킬 수 있어서 LED의 밝기를 조절할 수 있게 됩니다.

analogWrite() 함수에서 0이 가장 어두운 꺼진 상태에 해당하고, 255가 가장 밝은 상태에 해당합니다. 그리고 이 PWM 설정 값을 fadeAmount의 값인 5만큼씩 증가시키거나 감소시키면서 밝기를 변화시키게 됩니다.

```
analogWrite(출력_핀_번호, 출력_PWM_설정값)
```

PWM 설정 값(보기)	설정 값의 내용
0	**최소**, 0볼트 (꺼진 상태)
80	낮음, 2V 이하 (약간 어두운 밝기)
255	**최대**, 5볼트 (최대로 밝은 상태)

다음의 코드를 먼저 보고 나서 이 부분에 대해 좀 더 자세한 설명을 하기로 합니다.

① LED가 연결된 핀 번호, 밝기 조정을 위한 변수, 밝기 조정 간격을 위한 변수 등을 정의합니다.

```
const int led = 9;        // LED가 연결된 핀 번호 설정
int brightness = 0;       // 밝기 조정 용도로 사용할 변수          ①
int fadeAmount = 5;  // 밝기 조정 간격
```

② setup() 함수에서는 다음과 같이 LED가 연결된 핀을 출력 속성으로 설정하는 코드가 있습니다. pinMode()는 스케치의 기본 함수로서 입출력 설정을 담당합니다.

```
void setup( )
{
  pinMode( led, OUTPUT );  // LED가 연결된 9번 핀을 출력으로    ②
}
```

이제부터는 무한 반복되며 실행되는 loop() 함수의 내용입니다.

```
void loop( )
{
  // brightness에 저장된 밝기로 11번 핀에 연결된 LED를 켬
  analogWrite( led, brightness );
  // brightness값을 fadeAmount 즉 5 만큼 증가시킴                  ③
  brightness = brightness + fadeAmount;
  // brightness 값이 0 혹은 255가 되면 fadeAmount 부호를 변경     ④
  if( (brightness == 0) || (brightness == 255) )
  {
    fadeAmount = -fadeAmount;                                     ⑤
  }

  // 30 밀리 초를 대기함
  delay(30);
}
```

③ LED의 밝기를 현재 brightness 변수 값의 밝기로 analogWrite() 함수를 통해서 출력하는 코드입니다. 처음 시작할 때는 brightness 값이 0부터 시작, 즉 꺼진 상태가 됩니다.

④ 다음 번에 출력할 밝기를 5로 설정되어 있는 fadeAmount 만큼 증가시켜서 brightness를 변경합니다.

⑤ analogWrite()함수에서 세기 값으로 사용할 수 있는 값의 범위는 0~255까지 이므로 만약에 다음에 설정할 LED의 밝기가 최소(0)이거나 또는 최대(255)인 경우에는 그 다음부터 밝기의 변화 크기인 fadeAmount 변수 값의 부호를 반대로 바꾸어 줍니다. 즉, 밝기가 5씩 증가하다가 255까지 도달하면 그 다음부터는 -5가 되므로 LED의 밝기가 5씩 감소하게 됩니다. 밝기가 계속 5씩 감소하다가 0에 도달하여 꺼지게 되면 다시 fadeAmount 변수 값의 부호를 바꾸어 5씩 증가하게 만드는 코드입니다.

⑥ 마지막 30밀리초 만큼의 시간 동안 대기하는데, 만약 이 부분이 생략되면 밝기 변화 속도가 너무 빨라 사람 눈으로 확인하기 어렵게 됩니다. 참고로 이 대기 시간을 50이나 70 정도로 더 크게 해 주면 밝기가 바뀌는 속도가 더욱 천천히 진행됩니다.

참고로 다음은 Fade 예제의 전체 코드 리스트입니다.

```
Fade §

/*
  Fade

  This example shows how to fade an LED on pin 9 using the analogW
  function.

  This example code is in the public domain.

  http://www.arduino.cc/en/Tutorial/Fade
*/

const int led = 9;         // the PWM pin the LED is attached tc
int brightness = 0;    // how bright the LED is
int fadeAmount = 5;    // how many points to fade the LED by

// the setup routine runs once when you press reset:
void setup() {
  // declare pin 9 to be an output:
  pinMode(led, OUTPUT);
}

// the loop routine runs over and over again forever:
void loop() {
  // set the brightness of pin 9:
  analogWrite(led, brightness);

  // change the brightness for next time through the loop:
  brightness = brightness + fadeAmount;

  // reverse the direction of the fading at the ends of the fade:
  if (brightness <= 0 || brightness >= 255) {
    fadeAmount = -fadeAmount;
  }
  // wait for 30 milliseconds to see the dimming effect
  delay(30);
}
```

창의설계

① 위의 복잡한 LED 점멸 문제에서 LED를 켜거나 끈 후에 대기하는 시간을 처음 점멸 때는 1초를, 다음 점멸 때는 0.5초를, 그리고 다시 1초와 0.5초로 두 가지의 지연 시간이 매번 반복 되도록 코드를 작성해 봅시다.

② 만약 위의 LED Fade 예제를 9번 핀 대신 2번 핀으로 바꾸고 LED도 2번 핀으로 바꾸어 연결했을 때 실행 결과를 비교해보고 왜 그런 현상이 나타나는지 이유를 알아봅시다.

CHAPTER

04

창의설계 코딩 키트로 기본 주행하기

교육 목표

창의설계 코딩 키트의 양쪽 바퀴와 연결된 모터를 제어하여 창의설계 코딩 키트를 전진이나 후진 또는 좌우로 회전 시키는 방법을 배웁니다.

주요 키워드

모터 제어, 방향 제어, 속도 제어, 시간 제어

CHAPTER 04

창의설계 코딩 키트로 기본 주행하기

1 창의설계 코딩 키트로 배우는 창의설계 시작하기

이번 장의 테마는 창의설계 코딩 키트를 움직이는 것입니다. 기계는 어떻게 움직일까요? 기계도 물론 사람처럼 다리를 이용하여 움직일 수 있고, 바퀴나 날개 등을 이용하여 움직일 수 있습니다. 기계의 다리, 바퀴, 날개 등은 대부분 모터를 이용하여 동작하게 됩니다. 다리를 움직이기 위해서는 관절에 있는 모터를 움직여야 하고, 바퀴를 움직이기 위해서는 바퀴에 연결된 모터를, 비행기를 움직이는 것도 거대한 모터를 이용하여 움직이게 됩니다. 이와 같이 기계 동작의 기본이 되는 모터를 이번 장에서 다루게 됩니다. 여기에서는 2개의 모터를 이용하여 전진, 후진, 좌회전 및 우회전 하는 방법을 실습합니다.

먼저 동작 기능별로 각각을 제어하는 과정을 살펴 본 후에, 전체 과정을 모아서 직접 창의설계 코딩 키트를 제어하여 움직이는 순서로 코딩 실습을 진행합니다. 코딩 실습은 먼저 순서도로 작업할 내용의 흐름을 간단히 파악한 후에 각 부분의 코드를 자세히 살펴보기로 합니다.

창의설계 코딩 키트에는 아두이노 우노 보드에 L298P라고 하는 모터 드라이브 쉴드를 장착하여 모터를 제어하는데 사용합니다.

모터 드라이브 쉴드에는 2개의 모터를 연결하여 회전방향과 속도를 제어할 수 있는 4개의 단자가 제공되며, 베터리를 연결할 수 있는 2개의 단자와 부저 그리고 초음파센서를 연결할 수 있는 핀들과 블루투스 모듈을 연결용 커넥터가 제공됩니다.

아래에 모터 드라이브 쉴드(L298P)를 나타내었습니다.

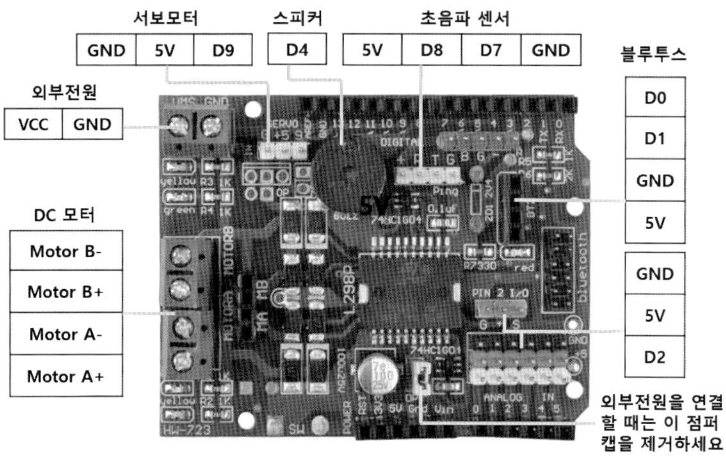

두개의 모터 +단자에 연결된 선을 Motor A+, Motor B+, - 단자에 연결된 선을 Motor A-, Motor B-에 연결을 합니다. 이때 좌측 바퀴에 사용된 모터는 A 단자에 우측 바퀴에 연결된 모터는 B 단자에 연결합니다.

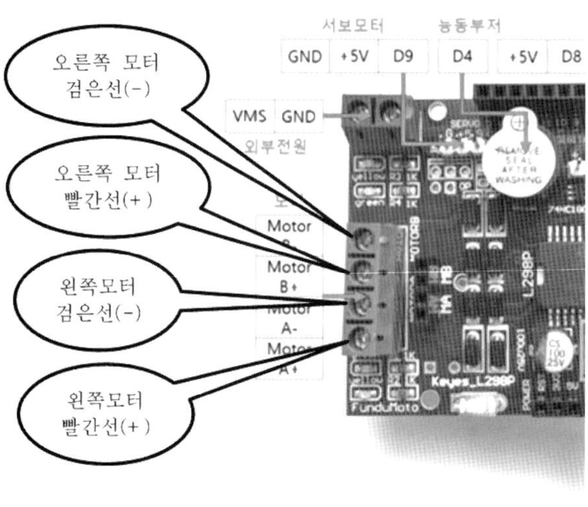

위와 같이 모터들을 연결하면 각각의 모터의 회전방향과 속도를 제어하기위한 핀은 아래 표와 같습니다.

모터 제어핀 핀 번호		
오른쪽 모터 방향	디지털 출력	디지털 13번 핀
오른쪽 모터 속도	디지털(PWM)출력	디지털 11번 핀
왼쪽 모터 방향	디지털 출력	디지털 12번 핀
왼쪽 모터 속도	디지털(PWM)출력	디지털 10번 핀

2 모터를 이용한 바퀴 제어를 위한 코딩 명령 익히기

1) 모터 제어 코드

창의설계 코딩 키트에는 좌우에 각각 1개씩 모두 2개의 바퀴가 있으며, 각 바퀴에 붙어있는 모터를 돌려 자동차를 움직입니다.

주의할 점은 왼쪽 모터와 오른쪽 모터는 서로 반대방향으로 회전해야 두 바퀴가 같은 방향으로 회전하게 되어 창의설계 코딩 키트는 전진 또는 후진을 진행하게 됩니다.

그 이유는 모터가 서로 마주 보고 있기 때문에 서로 반대방향으로 회전해야 바퀴가 같은 방향으로 움직이기 때문입니다.

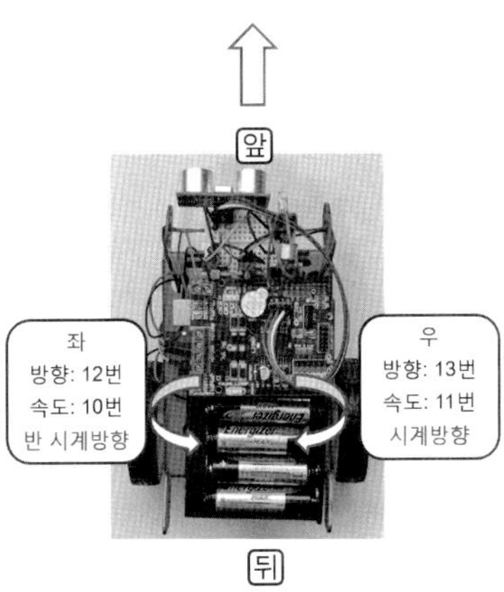

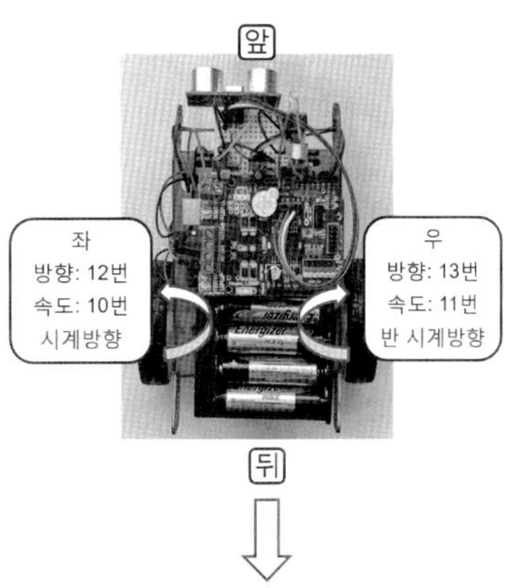

(1) 회전 방향 지정

오른쪽 모터는 시계 방향(CW)으로 회전할 때 창의설계 코딩 키트가 앞쪽으로 전진하는 방향으로 돌게 되며, 왼쪽 모터는 반 시계 반대 방향(CCW, 반 시계 방향)으로 회전할 때 창의설계 코딩 키트가 앞쪽으로 전진하는 방향으로 돌게 됩니다.

회전 방향	오른쪽 모터 (13번핀)	HIGH = 반 시계 방향
		LOW = 시계 방향
	왼쪽 모터 (11번핀)	HIGH = 반 시계 방향
		LOW = 시계 방향

모터의 회전방향을 제어하기위해서는 아두이노 스케치에서 제공하는 라이브러리 함수인 digitalWrite() 함수를 이용하며 13번핀으로 회전방향을 제어하는 오른쪽 모터를 시계방향으로 회전시키기 위해서는 digitalWrite(13, LOW)로 코딩한다.

(2) 회전 속도 지정

자동차가 이동하는 빠르기는 바퀴 모터의 회전 속도에 비례합니다. 모터의 회전 속도는 0에서 255까지의 값을 가질 수 있는데, 0은 정지 상태이며 255는 가장 빠른 상태입니다. 예를 들어 속도를 200 정도로 지정하면 약간 빠른 속도로 움직입니다.

회전 속도	오른쪽 모터 (12번핀)	0 ~ 255 사이의 속도 (0은 정지, 255가 최대 속도)
	왼쪽 모터 (10번핀)	

모터의 속도를 제어하기위해서는 아두이노 스케치에서 제공하는 라이브러리 함수인 analogWrite() 함수를 이용하며 12번핀으로 속도를 제어하는 오른쪽 모터를 최대속도로 회전시키기 위해서는 analogWrite((12, 255)로 코딩합니다.

2) 전진과 후진 및 정지 해보기

창의설계 코딩 키트가 전진하거나 후진하기 위해서는 창의설계 코딩 키트의 좌우 양쪽 모터가 회전 하는 방향을 다음과 같이 반대로 조정하면 됩니다.

진행 방향	제어 신호(값)
전진	오른쪽 모터는 시계 방향(CW) : HIGH
	왼쪽 모터는 반 시계 방향(CCW) : LOW
후진	오른쪽 모터는 반 시계 방향(CCW) : LOW
	왼쪽 모터는 시계 방향(CW) : HIGH
정지	회전방향과 상관없이 좌우 모터의 회전 속도를 모두 0으로 설정

(1) 전진

전진은 다음 그림과 같이 오른쪽 모터는 시계 방향으로 돌아야 하고, 왼쪽 모터는 반시계 방향으로 돌아야 합니다.

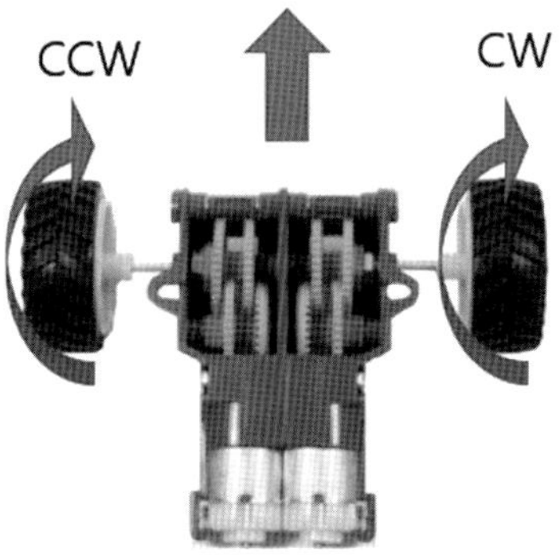


```
void Forward(int Speed)
{
   digitalWrite(13, LOW);        // 오른쪽모터는 시계방향 회전
   analogWrite( 11, Speed );  // 오른쪽모터  속도를  speed입력값으로 설정
   digitalWrite(12, HIGH);       // 왼쪽모터 반시계방향 회전
   analogWrite(10, Speed );   // 왼쪽모터  속도를  speed입력값으로 설정
}
```

(2) 후진

후진은 다음 그림과 같이 오른쪽 모터는 반 시계 방향으로 돌아야 하고, 왼쪽 모터는 시계 방향으로 돌아야 합니다.

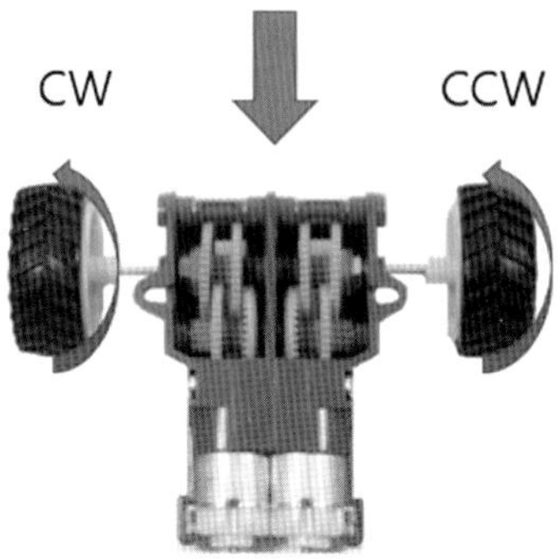


```
void Backward(int Speed)
{
    digitalWrite(13, HIGH);        // 오른쪽모터는 반시계방향 회전
    analogWrite( 11, Speed ); // 오른쪽모터  속도를  speed입력값으로 설정
    digitalWrite(12, LOW);         // 왼쪽모터 시계방향 회전
    analogWrite(10, Speed ); // 왼쪽모터  속도를  speed입력값으로 설정
}
```

(3) 정지

정지는 모터의 회전 방향과는 상관없이 회전 속도만 0으로 설정하면 됩니다.

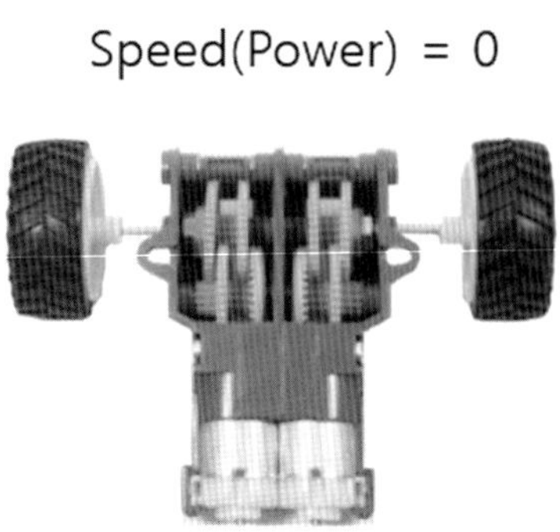

창의설계 코딩 키트를 정지시키는 함수는 다음과 같은 형태로 만들 수 있으며, Stop() 함수는 모터 속도가 모두 0만 되도록 코딩하면 되므로 호출할 때 별도로 방향을 지정할 필요가 없이 다만 두개의 모터가 연결된 핀에 analogWrite()함수를 이용하여 전압 0V를 인가해주면 모터가 정지하게 됩니다.

```
void Stop( )
{
   analogWrite( 11, 0 );  // 오른쪽(1번) 모터 속도를 0으로 설정
   analogWrite( 10, 0 );  // 왼쪽(2번) 모터 속도를 0으로 설정}
}
```

3) 좌회전과 우회전 해보기

창의설계 코딩 키트가 좌회전하거나 우회전하기 위해서는 창의설계 코딩 키트의 좌우 양쪽 모터가 회전 하는 방향을 다음과 같이 서로 동일하게 조정하면 됩니다.

진행 방향	제어 신호(값)
좌회전	오른쪽 모터도 시계 방향(CW) : HIGH
	왼쪽 모터도 시계 방향(CW) : HIGH
우회전	오른쪽 모터도 반 시계 방향(CCW) : LOW
	왼쪽 모터도 반 시계 방향(CCW) : LOW

(1) 좌회전

좌회전은 다음 그림과 같이 오른쪽(1번) 모터와 왼쪽(2번) 모터가 모두 시계 방향으로 돌아야 합니다.

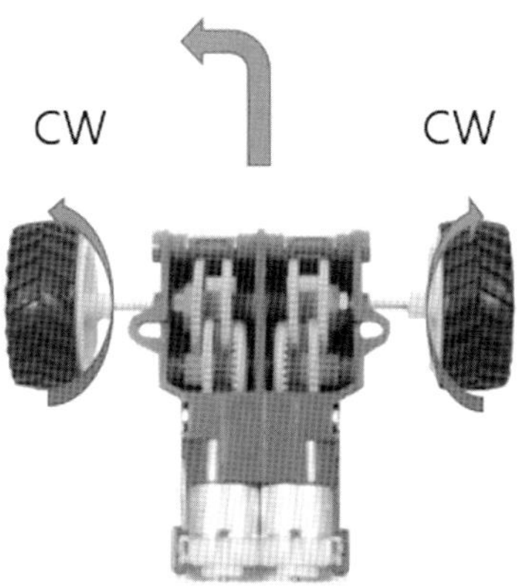

```
void Left(int Speed)
{
   digitalWrite(13, LOW);        // 오른쪽모터는 시계방향 회전
   analogWrite( 11, Speed ); // 오른쪽모터  속도를  speed입력값으로 설정
   digitalWrite(12, LOW);       // 왼쪽모터 시계방향 회전
   analogWrite(10, Speed ); // 왼쪽모터  속도를  speed입력값으로 설정
}
```

(2) 우회전

우회전은 다음 그림과 같이 오른쪽(1번) 모터와 왼쪽(2번) 모터가 모두 반 시계 방향으로 돌아야 합니다.

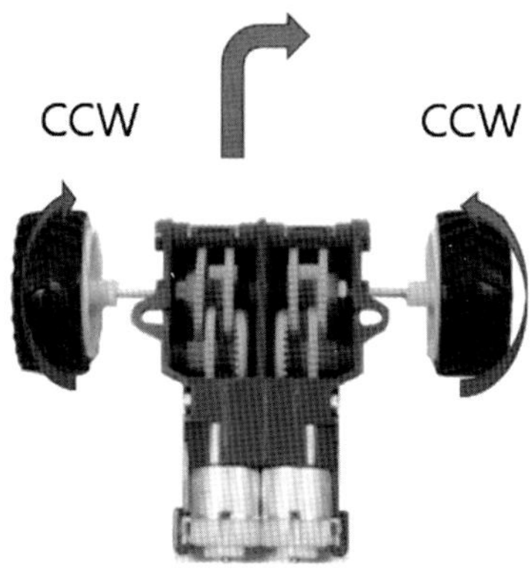


```
void Right(int Speed)
{
   digitalWrite(13, HIGH);       // 오른쪽모터는 반시계방향 회전
   analogWrite( 11, Speed ); // 오른쪽모터 속도를 speed입력값으로 설정
   digitalWrite(12, HIGH);       // 왼쪽모터 시계방향 회전
   analogWrite(10, Speed );  // 왼쪽모터  속도를  speed입력값으로 설정
}
```

3 전진과 후진 및 정지를 위한 창의설계 코딩하기

1) 동작 준비하기

코딩 실습에 앞서서 창의설계 코딩 키트의 연결도 및 연결 상태를 확인하고, 스케치 프로그램으로 작성합니다.

주의사항

- 전원을 켜면 창의설계 코딩 키트의 초기 상태 LED가 작동해야 합니다.
- 창의설계 코딩 키트는 배터리로 동작합니다.
- 사용하지 않는 경우에는 배터리가 방전되어서 사용 불가 상태에 빠질 수 있으므로 전원을 꺼두는 것이 좋습니다.
- 초기 동작 불능 시에는 연결도를 보시고 연결 상태를 확인하시는 것이 좋습니다.

2) 순서도

여기서 실습할 코딩 내용은 창의설계 코딩 키트를 1초 동안 전진시킨 후 다시 1초 동안 후진 시키기를 두 번 반복 후 정지시키는 동작입니다. 오른쪽과 같이 일반적인 순서도로 나타낼 수 있습니다.

한편, 스케치 프로그램은 구조적으로 loop() 함수가 계속해서 무한 반복되게 되어 있으므로 이를 적용하여 순서도를 다시 만들면 다음과 같습니다.

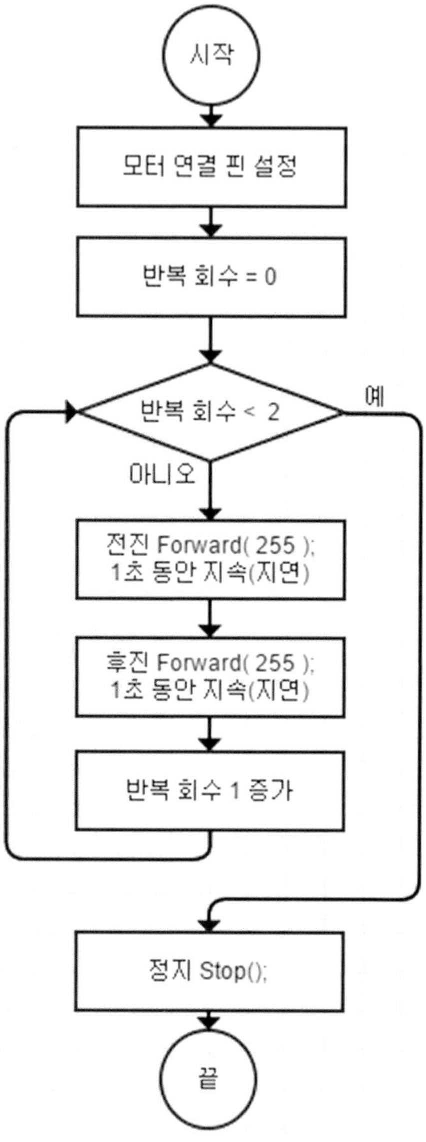

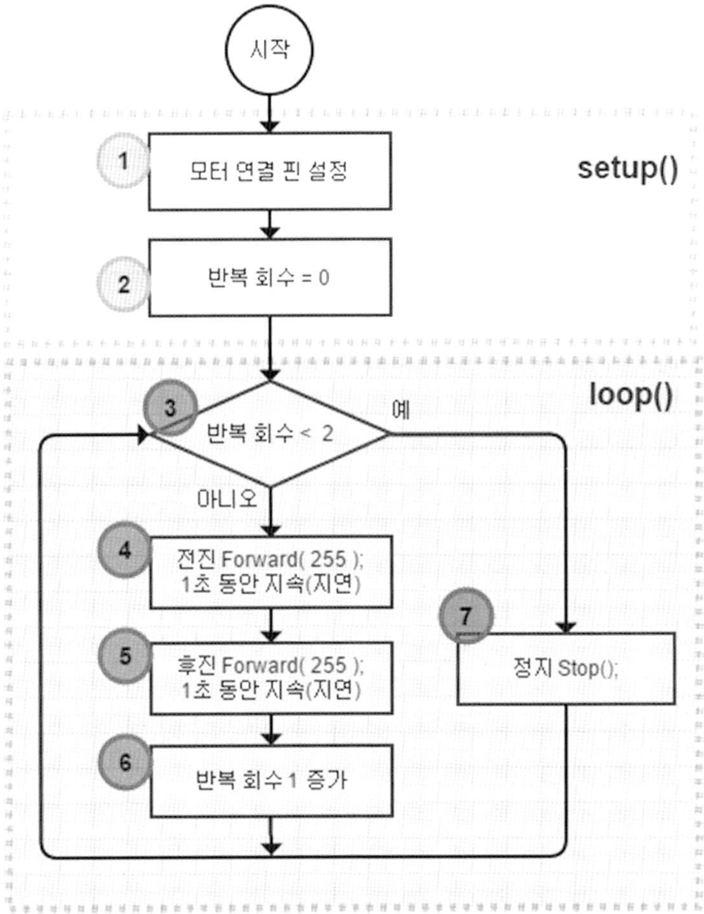

위와 같은 동작을 하기 위해서 창의설계 코딩 키트가 동작하는 과정을 순서도에서 부여한 번호와 같이 하나씩 나누어 생각해 보겠습니다. 다음의 표에는 순서도의 번호에 해당하는 부분의 간략한 설명을 보여주고 있으며, 또 스케치에서 C언어로 코딩 할 때 이 과정에 해당하는 코드 부분을 같이 나타내고 있습니다. 참고로 3~7번 부분이 loop() 함수 안에서 무한 반복되며 실행되는 부분입니다. 아래 표의 해당코드는 스케치로 창의설계 코딩 키트 코딩하기 부분의 설명에서 사용한 번호를 표기하였으니 참조 바랍니다.

순서도	내용	해당 코드
1 모터 연결 핀 설정	Setup() 함수 안에서 최초에 1번 실행되는 초기화 작업 진행	③
2 반복 회수 = 0	loop() 함수 안에서 사용할 최초에 반복 회수 변수를 선언하고 초기값으로 0을 설정	①
3 반복 회수 < 2	loop() 함수 안에서 반복되면서 처리되어야 할 작업들에 대한 반복 조건 비교	④
4 전진 Forward(255); 1초 동안 지속(지연)	창의설계 코딩 키트를 1초 동안 최대 속도로 전진	⑤
5 후진 Forward(255); 1초 동안 지속(지연)	창의설계 코딩 키트를 1초 동안 최대 속도로 후	
6 반복 회수 1 증가	전진과 후진하는 과정의 반복 회수를 1 증가	⑦
7 정지 Stop();	2번 과정에서 반복 조건이 만족되지 않으면 창의설계 코딩 키트를 정지	⑥

3) 스케치로 창의설계 코딩 키트 코딩하기

먼저 창의설계 코딩 키트의 모터의 제어를 핀 연결상태를 그림으로 나타내면 다음과 같습니다.

앞에서 살펴본 작업 순서도와 코드화된 표를 바탕으로 작성된 코드는 아래와 같으며, 창의설계 코딩 키트를 제어하는 초기 예제인 만큼 소스의 각 부분에 대한 의미를 좀 더 상세히 알아 보도록 하겠습니다.

① 모터를 제어하기 위한 각각의 모터 회전방향과 속도를 제어하는 핀 번호, 모터 속도 값, 반복 회수를 세기 위한 변수 등을 정의하고 반복 회수는 0으로 초기화 합니다.

② setup() 함수는 실행 초기에 단 한번만 실행되며, 보통 상수나 변수 값 등을 설정하는 초기화 작업을 진행합니다. 이 예제에서는 스케치 컴파일러에서 라이브러리로 제공하는 pinMode()함수를 사용하여 좌우 모터의 방향 설정 핀과 속도 설정 핀을 출력용(OUTPUT) 핀 속성으로 설정합니다.

```
int pinDIR1 = 13;      // 오른쪽(1번) 모터 회전 방향 제어핀 번호
int pinPWM1 = 11;  // 오른쪽(1번) 모터 회전 속도 제어핀 번호
int pinDIR2 = 12;      // 왼쪽(2번) 모터 회전 방향 제어핀 번호
int pinPWM2 = 10;  // 왼쪽(2번) 모터 회전 속도 제어핀 번호
int Speed = 255;      // 속도를 최대로 설정 (0~255)
int repeat = 0;          // 반복 회수를 세기 위하여 사용
```
①

```
void setup()
{
   pinMode( pinDIR1, OUTPUT );
   pinMode( pinPWM1, OUTPUT );
   pinMode( pinDIR2, OUTPUT );
   pinMode( pinPWM2, OUTPUT );
}
```
②

이제부터는 무한 반복되며 실행되는 loop() 함수의 내용입니다.

```
void loop( )
{
  if(repeat 〈 2)                                  ③
  {
    Forward( Speed );
    delay( 1000 );
                                                   ④
    Backward( Speed );
    delay( 1000 );
    Repeat++;
  }
  else
  {
    Stop( );                                       ⑤
  }

}
```

③ if 문을 이용하여 반복 회수가 2회 미만인지를 확인하여, 2회 미만이면 ④ 부분을 실행합니다.

④ loop()함수 반복 회수가 2회 미만일 때 실행되는 부분으로 Speed 변수에 설정되어있는 속도로 1초동안 전진 후 같은 속도로 1초동안 후진을 합니다. 이 부분은 loop() 함수의 특성상 초기에 2회 실행 됩니다.

⑤ loop() 함수가 2회 이상 반복이 되었을 경우에 실행 되는 부분으로 전진후 후진하던 창의설계 코딩 키트를 멈추게 합니다.

다음과 같은 아두이노 스케치에서 제공하는 함수를 이용하여 회전 방향과 속도를 제어합니다.

```
digitalWrite( 모터_방향_핀_번호, 회전_방향 );  // 회전 방향 제어
analogWrite( 모터_속도_핀_번호, 회전_속도 ); // 회전 속도 제어
```

참고로, digitalWrite() 함수는 연결된 핀으로 HIGH(5V) 또는 LOW(0V)의 전기적 신호를 인가하는 함수이며, analogWrite() 함수는 연결된 핀으로 0~255 사이의 입력값의 크기에 비례하는 0~5V 전압을 인가하는 함수로 스케치 컴파일러에서 라이브러리로 제공하는 함수입니다.

```
void Forward(int Speed)
{
   digitalWrite(pinDIR1, LOW);           // 오른쪽 모터는 시계방향
   analogWrite(pinPWM1, Speed );  // 오른쪽 모터 속도를 Speed로 설정
   digitalWrite(pinDIR2, HIGH);          // 왼쪽 모터는 반 시계방향
   analogWrite(pinPWM2, Speed );  // 왼쪽 모터 속도를 Speed로 설정
}

void Backward(int Speed)
{
   digitalWrite(pinDIR1, HIGH);          // 오른쪽 모터는 반 시계방향
   analogWrite( pinPWM1, Speed );  // 오른쪽 모터 속도를 Speed로 설정
   digitalWrite(pinDIR2, LOW);           // 왼쪽 모터는 시계방향
   analogWrite(pinPWM2, Speed );   // 왼쪽 모터 속도를 Speed로 설정
}

void Stop()
{
   analogWrite( pinPWM1, 0 );          // 오른쪽(1번) 모터 속도를 0으로 설정
   analogWrite( pinPWM2, 0 );          // 왼쪽(2번) 모터 속도를 0으로 설정
}
```

Forward(), Backward(), Stop() 함수는 앞에서 자세히 살펴보았던 내용으로, Forward()는 직진하는 함수이며, Backward()는 후진하는 함수이고, Stop()은 정지하는 함수입니다.

4) 스케치에서 프로그램 업로드하기

버튼을 누른 후에 약 10초 정도 기다리면 "업로드 완료"라고 표시되면서, 창의설계 코딩 키트가 동작하기 시작합니다.

5) 동작 확인하기

창의설계 코딩 키트의 Motor Test 예제를 창의설계 코딩 키트에 업로드 합니다.

① 창의설계 코딩 키트의 전진이 잘됩니까? (O , X)

② 창의설계 코딩 키트의 후진이 잘됩니까? (O , X)

③ 창의설계 코딩 키트의 정지가 잘됩니까? (O , X)

창의설계

① 전진, 후진 부분을 좌회전, 우회전을 적용하여 구현해 봅시다.

② 제자리에서 2바퀴를 회전한 후 직진을 해 봅시다.

③ 오른쪽 그림과 같은 코스를 가정하고, "1. Point" 지점에 도달 한 다음 "도착"지점으로 이동하는 방법을 코드로 작성해 봅시다.

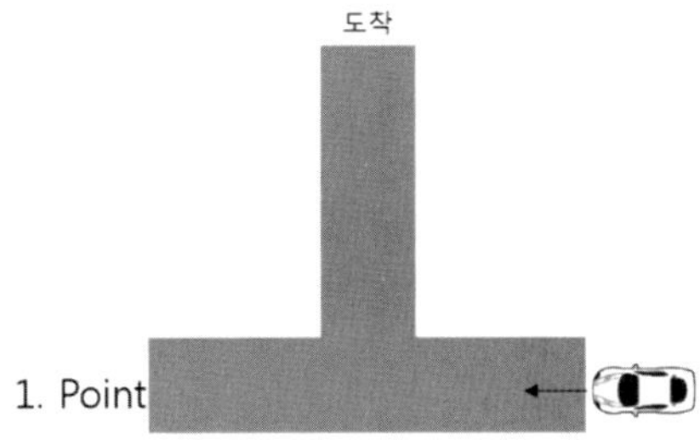

알아두기

※ DC모터

전류에서 모터를 돌리는 힘을 끌어내는 원리는 "자기장 속을 흐르는 전류에는 자기력이 작용한다"라는 것이며, 이 자기력의 방향은 자계와 전류 방향에 직각입니다.

CHAPTER

05

창의설계 코딩 키트로 컬러 불빛을 비추자

교육 목표

창의설계 코딩 키트에 RGB LED를 연결하여 다양한 색상의 불빛을 내는 방법을 배웁니다.

주요 키워드

RGB LED, 빛의 혼합, FADE IN과 FADE OUT

CHAPTER

05 창의설계 코딩 키트로 컬러 불빛을 비추자

1 창의설계 코딩 키트로 배우는 창의설계 시작하기

이번 장에서는 창의설계 코딩 키트에 장착한 RGB(컬러) LED를 통해서 다양한 색상의 불빛을 내는 방법을 실습합니다. RGB LED는 빨강, 초록, 파랑의 세 가지 색상을 이용하여 다양한 색상의 불빛을 낼 수 있는 장치입니다. 이와 같이 다양한 불빛을 낼 수 있는 장치를 이용하면 창의설계 코딩 키트가 다양한 색상의 불빛을 낼 수 있습니다.

먼저 RGB LED를 창의설계 코딩 키트와 연결방법은 조립설명서를 참조하기 바랍니다. RGB LED로 원하는 색상의 불빛을 비추는 방법을 살펴봅니다. 마지막으로 RGB LED의 불빛이 무지개 색의 순서로 빛을 내도록 제어하는 코딩 실습을 진행합니다. 코딩 실습은 먼저 순서도로 작업할 내용의 흐름을 간단히 파악한 후에 각 부분의 코드를 자세히 살펴보기로 합니다.

2 컬러 LED 제어를 위한 코딩 명령 익히기

1) 창의설계 코딩 키트에 장착한 RGB LED 살펴보기

(1) RGB LED 소개

LED는 전기가 통하면 빛을 내는 다음과 같은 전기 부품입니다. 이번 실습에서 사용할 RGB LED는 빨강(R), 초록(G), 파랑(B) 3가지 빛의 세기를 제어하여 다양한 색상의 빛을 낼 수 있는 LED입니다.

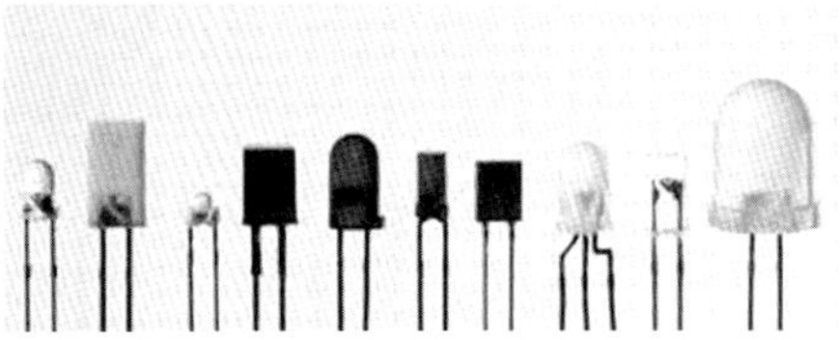
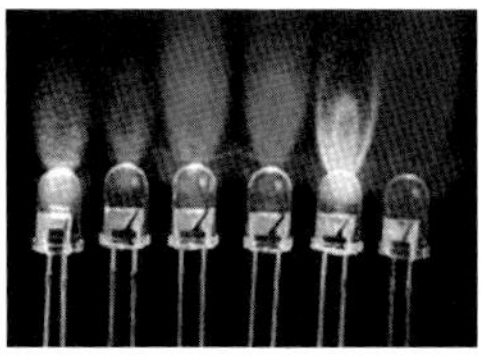
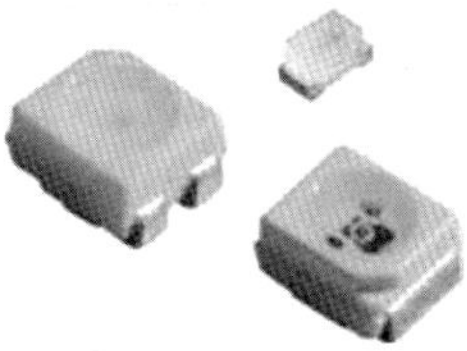

빨강(R), 초록(G), 파랑(B) 3가지의 원색 빛을 섞으면 다음과 같이 다양한 색상의 빛을 낼 수 있습니다. 이번 실습에서 사용할 RGB LED는 다음과 같이 3가지 빛의 밝기를 0에서 255까지의 단계로 나누어 각각 제어할 수 있습니다.

빛의 색상 = 빨강(0~255 밝기) + 초록(0~255 밝기) + 파랑(0~255 밝기)

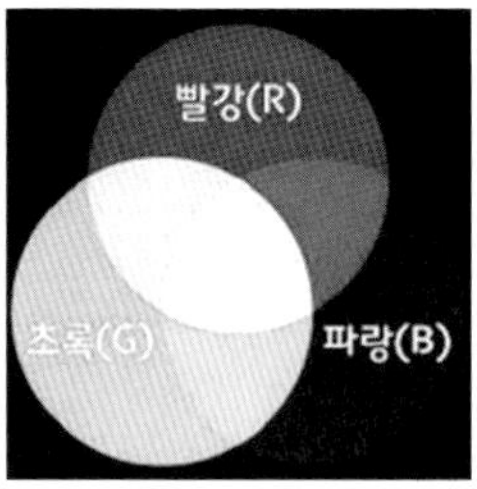

(2) 창의설계 코딩 키트에 RGB LED 연결하기

컬러 LED의 RGB 단자를 다음과 같이 창의설계 코딩 키트의 센서 연결 보드를 사용하여 연결 합니다. 창의설계 코딩 키트에는 센서 연결을 간편하게 할 수 있도록 센서 연결 보드가 있으며 연결 보드를 통하여 창의설계 코딩 키트의 5, 6, 9핀에 연결하고, 접지(GND) 단자는 창의설계 코딩 키트의 GND 핀에 연결됩니다.

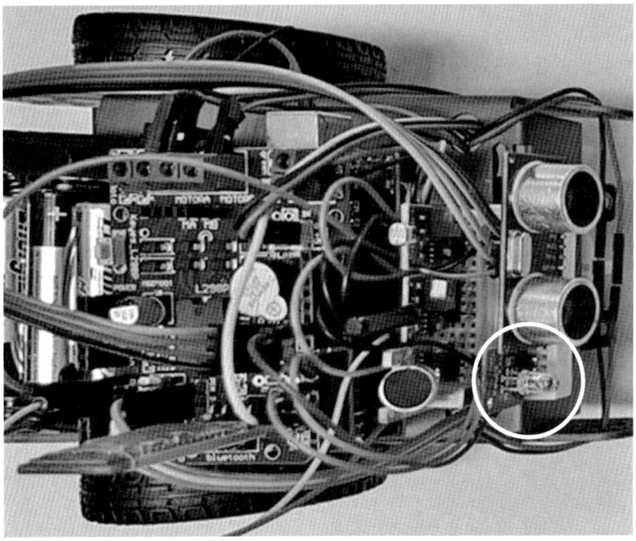

2) RGB LED 제어 코드

(1) 연결 핀 번호 선언 및 입출력 핀 속성 설정

먼저 위에서 창의설계 코딩 키트와 RGB LED를 연결한 핀 번호들을 다음과 같은 형태로 선언합니다. 여기서 const는 상수를 정의할 때 사용하는 예약어로 상수를 만들 때 사용하며, 상수는 프로그램 내에서 값이 바뀌지 않음을 의미합니다.

```
const int redpin = 5;  //RGB LED의 빨강(R) 제어 핀의 연결 번호
const int greenpin = 6;  //RGB LED의 초록(G) 제어 핀의 연결 번호
const int bluepin = 9;  //RGB LED의 파랑(B) 제어 핀의 연결 번호
```

그 다음은 setup() 함수 안에서 연결하여 사용할 RGB LED 핀의 입출력 속성을 정하여야 하는데, 이 실습에서는 3가지 연결 핀 모두 원하는 색상 값을 내보내는 용도이므로 출력(OUTPUT) 속성으로 설정해야 합니다.

```
void setup()
{
  // RGB LED 제어 핀들을 모두 출력용 핀으로 설정

  pinMode( redPin , OUTPUT );
  pinMode( greenPin, OUTPUT );
  pinMode( bluePin, OUTPUT );
}
```

(2) RGB LED로 기본 색상 불빛 비추기

RGB LED로 기본 색상 3가지 중 한 색상의 빛을 내는 방법은 다음과 같이 RGB LED의 색상 단자가 연결된 핀으로 0에서 255 사이의 밝기 값을 analogWrite() 함수를 이용하여 내보내면 됩니다.

```
analogWrite( 연결_핀_번호, 밝기 );
```

예를 들어, 빨간색의 빛을 최대로 밝게 하는 코드는 다음과 같습니다.

```
analogWrite( redPin, 255 );
```

위에서 빨간색의 불을 끄려면 255 대신 0을 넣어주면 됩니다. 이처럼 특정 불빛을 내는 방법은 무척 간단합니다.

그러면 이번에는 빨강, 초록, 파랑 3색 모두를 최대로 밝게 하려면 어떤 코드가 필요할까요? 다음과 같은 코드로 만들면 됩니다. 참고로 3가지 색의 빛이 모두 같이 최대로 밝게 섞인다면 태양광 같이 밝은 (투명하게 흰) 빛이 됩니다.

```
analogWrite( redPin, 255 );    // 빨간빛을 최대 밝기로 비춘다
analogWrite( greenPin, 255 );  // 초록빛을 최대 밝기로 비춘다
analogWrite( bluePin, 255 );   // 파란빛을 최대 밝기로 비춘다
```

마찬가지로, RGB LED의 불빛을 완전히 끄려면 다음과 같이 3 색상 모두 밝기 0으로 설정해주면 됩니다.

```
analogWrite( redPin, 0 );    // 빨간빛을 완전히 끕니다
analogWrite( greenPin, 0 );  // 초록빛을 완전히 끕니다
analogWrite( bluePin, 0 );   // 파란빛을 완전히 끕니다
```

(3) RGB LED로 노란 불빛 번쩍이기

RGB LED에 기본 색상 3가지는 빨강, 초록, 파랑입니다. 그러면 노란 불빛은 어떻게 낼 수 있을까요? 위에서 기본 3가지 빛을 섞었을 때의 그림을 보면 빨간빛과 초록빛을 섞으면 노란빛이 나옵니다. 물론 이 때 파란빛은 꺼져 있어야 합니다. 그러면 다음과 같이 노란빛을 내는 정답이 나왔습니다.

```
analogWrite( redPin, 255 );    // 빨간빛을 최대 밝기로 비춘다
analogWrite( greenPin, 255 );  // 초록빛을 최대 밝기로 비춘다
analogWrite( bluePin, 0 );     // 파란빛을 완전히 끕니다
```

그런데, 노란 불빛을 번쩍이려면 어떻게 할까요? 우리가 플래시로 불을 번쩍이려면 껐다 켰다 하기를 반복하면 됩니다. 마찬가지로 위의 노란빛을 켠 다음 0.5초의 시간이 지난 다음 노란 빛을 끄고 다시 0.5초를 기다리기를 계속 반복한다면 노란 불 빛이 번쩍이게 됩니다. 이 과정을 계속 반복하는 while() 문을 사용하여 코딩하면 다음과 같습니다. while문의 반복 조건을 true로 하면 조건이 항상 참이므로 무한 반복을 하게 됩니다. 만약 loop() 내에 코딩한다면 while(true)문이 필요 없습니다.

```
analogWrite( bluePin, 0 );  // 먼저 파란빛은 처음부터 꺼둡니다

while( true )  // 끝없이 반복
{
  // 노란 불빛 비추기
  analogWrite( redPin, 255 );    // 빨간빛을 최대 밝기로 비춘다
  analogWrite( greenPin, 255 );  // 초록빛을 최대 밝기로 비춘다
  delay( 500 );  // 0.5초 동안 노란 불빛 지속(지연)

  // 노란 불빛 끄기
  analogWrite( redPin, 0 );    // 빨간빛을 완전히 끕니다
  analogWrite( greenPin, 0 );  // 초록빛을 완전히 끕니다
  delay( 500 );  // 0.5초 동안 꺼짐 상태 지속(지연)
}
```

3) 무지개 색 순서로 불빛을 비추기

(1) 불빛 색상의 Fade In, Fade Out

불이나 TV 화면 같은 것이 깜깜하게 꺼진 상태에서 서서히 점점 밝아지면서 나타나는 것을 Fade In 이라고 하고, 반대로 아주 밝은 상태에서 서서히 점점 어두워지면서 꺼져가는 것을 Fade Out 이라고 합니다. 마찬가지로 이번 실습에서 빨간빛에서 점점 초록빛으로 변해가는 것도 Fade 되는 과정이라고 할 수 있습니다. 즉, 빨간빛은 Fade Out이 되면서 초록빛이 Fade In이 되는 것이죠.

그러면 빨간빛에서 점점 초록빛으로 Fade 효과를 가지며 변해가게 하려면 어떻게 코딩을 해야 할까요? 다음의 이미지는 두 가지 색의 빛이 서로 교차하며 Fade 되는 과정을 보여주고 있습니다.

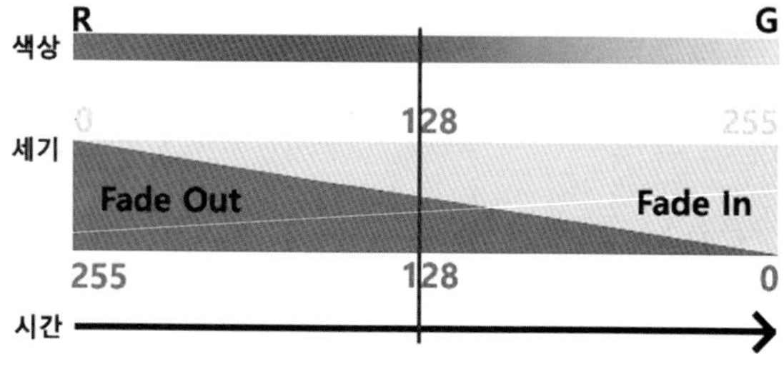

Red의 밝기가 줄어들며 Green의 밝기가 점차 밝아지는 효과는 PWM출력을 사용하여 구현할 수 있습니다. PWM출력이 가장 높을 때는 가장 밝고 가장 낮을 때는 해당 색상은 꺼지게 됩니다. 위의 Fade 효과가 진행되는 과정을 for() 문을 사용하여 코딩해보면 다음과 같습니다.

여기서 Red의 밝기를 조절하는 color변수는 처음에는 최대치인 255에서부터 반복이 될 때마다 1씩 감소하다가 color 값이 음수가 되면 반복이 끝나게 동작되고 있고 Green의 밝기는 255-color 값으로 변하기 때문에 0에서 255 사이의 값으로 1씩 증가되게 되어 있습니다. 즉 Red는 점점 어둡게 되고, Green은 점점 밝아지게 되는 것입니다.

```
int  color;  // 시작하는 색상 (빨간) 빛의 세기

analogWrite( bluePin, 0 );  // 먼저 파란빛은 처음부터 꺼둡니다

for( color = 255; color >= 0; color-- )  // 255 에서 0 까지 1씩 감소
{
  analogWrite( redPin, color );            // 빨간빛
  analogWrite( greenPin, 255 - color );  // 초록빛

  delay( 30 );  // 0.03초 동안 불빛 지속(지연)
}
```

참고로, 만약 위의 코드를 실행할 때 색상 변화 속도가 너무 느리게 진행된다면 다음 코드와 같이 for() 문에서 감소되는 빛의 세기를 1이 아닌 5로 증가시키면 훨씬 빠른 과정의 변화를 볼 수 있습니다. 물론 마지막의 지연 시간을 좀 더 줄여도 좋겠습니다.

```
int  color;  // 시작하는 색상 (빨간) 빛의 세기

analogWrite( bluePin, 0 );  // 먼저 파란빛은 처음부터 꺼둡니다

for( color = 255; color >= 0; color -= 5 )  // 255 에서 0 까지 5씩 감소
{
  analogWrite( redPin, color );            // 빨간빛
  analogWrite( greenPin, 255 - color );  // 초록빛

  delay( 15 );  // 0.015초 동안 불빛 지속(지연)
}
```

(2) 무지개 색 순서로 불빛을 비추기

무지개 색은 우리가 흔히 “빨주노초파남보” 하면서 7가지의 대표 색상을 말하곤 합니다. 실제로 무지개 색은 다음과 같이 연속되는 수많은 색상을 포함하고 있습니다.

실습에서 코딩 할 무지개 색의 빛은 다음의 순서로 Fade 되도록 만들어 봅시다. 위의 무지개 색을 잘 보면 우리가 코딩하려는 색상과 순서가 거의 일치하게 나오는 것을 볼 수 있습니다.

빨강(R) → 초록(G) → 파랑(B) → 빨강(R) → 초록(G) → 파랑(B) → ... (계속 반복)

그럼 이제 위에서 배운 Fade 효과로 순서에 맞게 코딩만 해주면 다음과 같이 예쁜 무지개 빛깔을 볼 수 있습니다. 이해를 돕기 위해서 각 구간 별로 색상의 변화를 컬러 이미지로 표시하여 두었습니다.

```
while( true )  // 무한 반복
{
  int  color;  // 시작하는 색상 빛의 세기

  // R -> G 빛깔 변화

  analogWrite( bluePin, 0 );  // 먼저 파란빛은 처음부터 꺼둡니다

  for( color = 255; color >= 0; color -= 5 )  // 255 에서 0 까지 5씩 감소
  {
    analogWrite( redPin, color );           // 빨간빛
    analogWrite( greenPin, 255 - color );   // 초록빛

    delay( 15 );  // 0.015초 동안 불빛 지속(지연)
  }

  // G -> B 빛깔 변화

  analogWrite( redPin, 0 );  // 먼저 빨간빛은 처음부터 꺼둡니다

  for( color = 255; color >= 0; color -= 5 )  // 255 에서 0 까지 5씩 감소
  {
    analogWrite( greenPin, color );        // 초록빛
    analogWrite( bluePin, 255 - color );   // 파란빛

    delay( 15 );  // 0.015초 동안 불빛 지속(지연)
  }

  // B -> R 빛깔 변화

  analogWrite( greenPin, 0 );  // 먼저 초록빛은 처음부터 꺼둡니다

  for( color = 255; color >= 0; color -= 5 )  // 255 에서 0 까지 5씩 감소
  {
    analogWrite( bluePin, color );        // 파란빛
    analogWrite( redPin, 255 - color );   // 빨간빛

    delay( 15 );  // 0.015초 동안 불빛 지속(지연)
  }
}  // while() 문의 끝
```

참고로, 다음에 나오는 코딩 실습에서는 위의 과정을 Fade()라는 하나의 짧은 함수로 만들고 간단히 호출하여 사용하게 됩니다.

3 무지개 색 순서로 불빛 비추는 창의설계 코딩하기

1) 동작 준비하기

코딩 실습에 앞서서 창의설계 코딩 키트의 연결도 및 연결 상태를 확인하고, 스케치 프로그램으로 작성합니다.

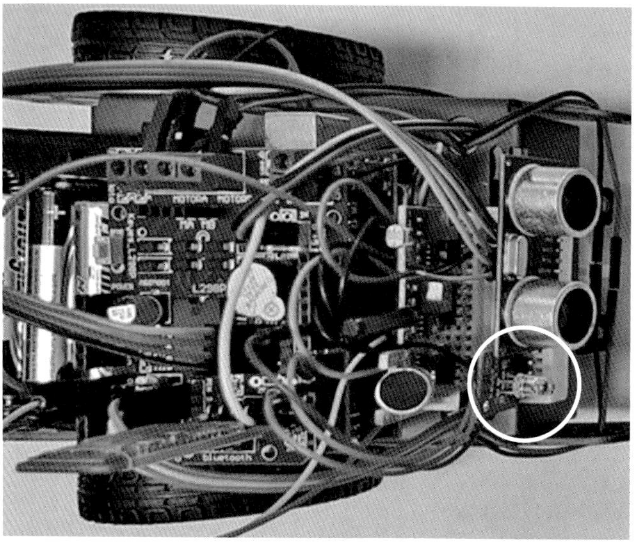

2) 순서도

여기서 실습할 코딩 내용은 창의설계 코딩 키트와 연결하여 부착한 RGB LED의 불빛이 무지개 색의 순서로 빛을 내는 과정을 계속 반복하도록 제어하는 동작입니다. 이 과정을 간단히 요약하면 다음과 같은 순서도로 나타낼 수 있습니다. 왼쪽의 순서도의 3번부터 5번 까지는 한 색에서 다른 색으로 색상을 변화시키는 오른쪽의 순서도와 같은 Fade()라는 함수를 호출합니다.

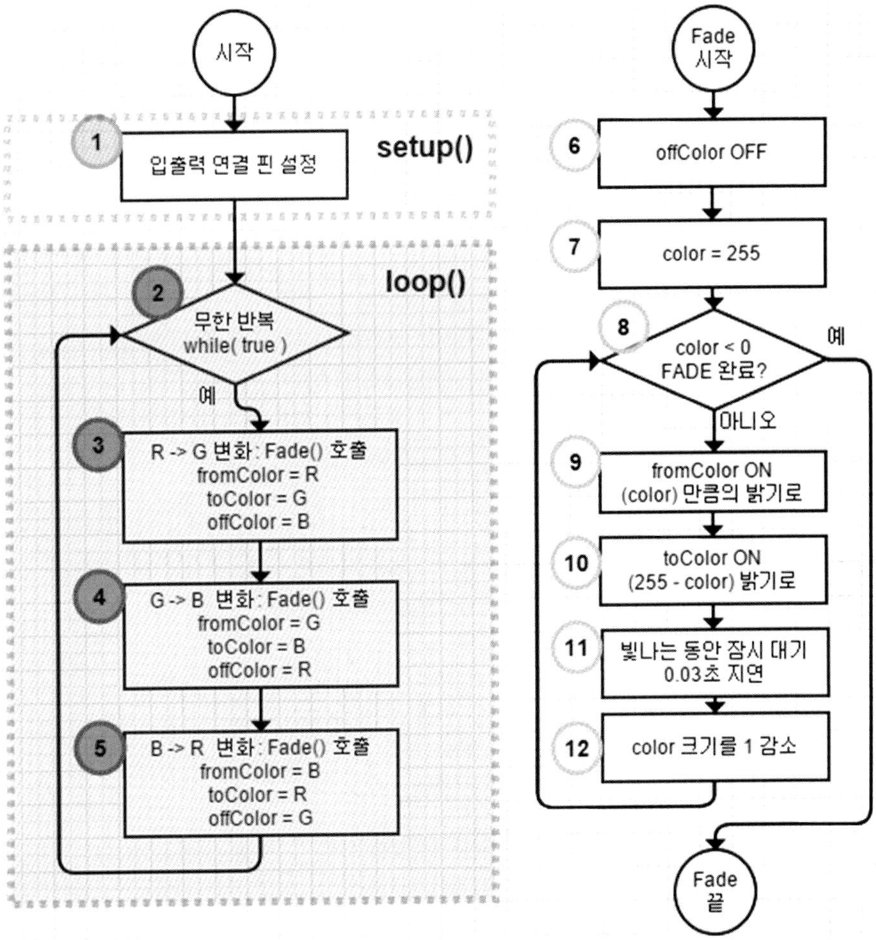

위와 같은 동작을 하기 위해서 창의설계 코딩 키트가 동작하는 과정을 순서도에서 부여한 번호와 같이 하나씩 나누어 생각해 보겠습니다. 참고로 2~5번 부분이 loop() 함수 안에서 무한 반복되며 실행되는 부분입니다.

다음 표의 해당코드는 스케치로 창의설계 코딩 키트 코딩하기 부분의 설명에서 사용한 번호를 표기 하였으니 참조 바랍니다.

순서도	내용	해당 코드
1 입출력 연결 핀 설정	Setup() 함수 안에서 최초에 1번 실행되는 초기화 작업 진행	③
2 무한 반복 while(true)	Loop() 함수 안에서 반복되면서 처리되어야 할 작업들에 대한 반복 조건 비교 loop함수 자체가 무한 반복되니 이 부분은 없어도 무방함	생략
3 R -> G 색상 변화 함수 호출 fromColor = R toColor = G offColor = B	빨간(R)빛에서 초록(G)빛으로 Fade 효과로 변화하도록 Fade() 함수 호출	
4 G -> B 색상 변화 함수 호출 fromColor = G toColor = B offColor = R	초록(G)빛에서 파란(B)빛으로 Fade 효과로 변화하도록 Fade() 함수 호출	④
5 B -> R 색상 변화 함수 호출 fromColor = B toColor = R offColor = G	파란(B)빛에서 빨간(R)빛으로 Fade 효과로 변화하도록 Fade() 함수 호출	

다음은 loop() 함수 안에서 색상을 변화시키기 위해 호출하는 Fade() 함수의 내용으로, 오른쪽 순서도에 해당하는 내용입니다.

순서도	내용	해당 코드
6 offColor OFF	처음부터 꺼두는 색상을 끔	⑤
7 color = 255	for() 루프가 처음 시작될 때 시작 불빛의 밝기 설정	
8 color < 0 FADE 완료?	for() 루프에서 두 색상의 전환이 모두 끝났는지 조건 검사	
9 fromColor ON (color) 만큼의 밝기로	처음 시작되는 색의 빛을 ON(단, 빛의 밝기는 color 만큼)	
10 toColor ON (255 - color) 밝기로	나중에 바뀌는 색의 빛을 ON (단, 빛의 밝기는 (255 - color) 만큼)	⑥
11 빛나는 동안 잠시 대기 0.03초 지연	매번 반복될 때 밝기가 변하는 크기(세기)	
12 color 크기를 1 감소	매번 반복될 때 밝기가 변하는 크기(세기)	

3) 스케치로 창의설계 코딩 키트 코딩하기

앞에서 살펴본 작업 순서도와 코드화된 표를 바탕으로 작성된 코드는 아래와 같습니다.

① 창의설계 코딩 키트와 연결된 RGB LED를 제어하는 코딩을 하기 위해서는 RGB LED의 빨간빛과 초록빛 그리고 파란빛에 해당하는 단자들과 각각 연결될 보드의 핀 값들을 지정하여야 합니다.

```
const int redPin = 5;      // 빨강(R) 제어 핀의 연결 번호
const int greenPin = 6;    // 초록(G) 제어 핀의 연결 번호          ①
const int bluePin = 9;     // 파랑(B) 제어 핀의 연결 번호

void setup( )
{
   pinMode( redPin, OUTPUT );
   pinMode( greennPin, OUTPUT );                                  ②
   pinMode( bluePin, OUTPUT );
   analogWrite( redPin, 0 );   // 최초에는 모두 끔
   analogWrite( greePin, 0 );                                     ③
   analogWrite( bluePin, 0 );
}
```

② setup() 함수에서는 먼저 RGB LED의 3가지 색상을 제어할 핀을 출력 단자 속성으로 설정합니다.

③ 그리고 최초에 RGB LED가 완전히 꺼진 상태를 유지하기 위해서 3가지 색을 모두 꺼둡니다.

이제부터는 무한 반복되며 실행되는 loop() 함수의 내용입니다. 무한 반복하면서 무지개 색상의 빛이 차례로 변화되면서 비치도록 제어합니다.

```
void loop( )
{
  Fade( redPin, greenPin, bluePin );    // R → G 불빛 변화
  Fade( greennPin, bluePin, redPin );  // R → G 불빛 변화      ④
  Fade( bluePin, redPin, greenPin );    // B → R 불빛 변화
}
```

④ 첫 번째 Fade() 호출로 빨간색 불빛에서 초록색 불빛으로 서서히 변합니다. 두 번째 Fade() 호출로 초록색 불빛에서 파란색 불빛으로 서서히 변합니다. 세 번째 Fade() 호출로 파란색 불빛에서 빨간색 불빛으로 서서히 변합니다.

Fade() 함수는 RGB LED의 3가지 색 중에서 최대 밝기의 한 색상에서 최대 밝기의 다른 색상으로 서서히 바꾸어주는 함수로 우리가 만들어야 하는 함수입니다.

Fade(fromColor, toColor, offColor) 함수의 매개변수 설명

fromColor은 최대 밝기로 시작해서 꺼질 색상, toColor은 꺼진 상태에서 최대 밝기로 변할 색상, offColor은 계속 꺼져있을 색상에 해당하는 연결된 핀 번호를 매개변수로 받게 됩니다.

```
void Fade( int fromColor, int toColor, int offColor )
{
  int color;                    // fromColor 색의 세기 변화값

  analogWrite( offColor, 0 );   // offColor는 처음부터 끔      ⑤

  for (color = 255; color >=0; color--)
  {
    analogWrite( fromColor, color );        // 점차 어둡게 됨.      ⑥
    analogWrite( toColor, 255- color );  // 점차 밝아 짐 delay(30);
  }
}
```

⑤ 먼저 색상 전환에 사용되지 않는 3번째 매개변수에 해당하는 색상을 밝기 0으로 하여 꺼둡니다.

⑥ for() 반복문을 돌면서 255부터 0까지의 밝기로 fromColor의 색상은 차츰 어두워지고, 반대로 toColor의 색상은 0에서 시작하여 255까지 점차 밝아지게 됩니다.

점차 바뀌면서 Fade되는 과정마다 약간의 지연 시간을 주어서 색상이 바뀌는 과정이 잘 보이도록 합니다. 여기서는 매번 delay(30) 만큼의 시간을 기다리는데, delay() 함수 안의 숫자는 밀리초(ms) 단위이므로 0.03초에 해당합니다.

4) 스케치에서 프로그램 업로드 하고 동작 확인하기

버튼을 누른 후에 약 10초 정도 기다리면 "업로드 완료"라고 표시되면서 창의설계 코딩 키트에서 RGB LED가 동작하게 됩니다. 업로드 한 후에 실행하여 다음과 같은 동작이 잘 되는지를 확인합니다.

① RGB LED가 빨간빛에서 초록빛으로 잘 바뀝니까? (O , X)

② RGB LED가 초록빛에서 파란빛으로 잘 바뀝니까? (O , X)

③ RGB LED가 파란빛에서 빨간빛으로 잘 바뀝니까? (O , X)

창의설계

① RGB LED가 완전히 꺼진 상태에서 최대 밝기의 노란색 불빛으로 서서히 밝아지게 코드를 작성해 봅시다.

② 자동차가 전진할 때는 초록색 불빛을, 후진할 때는 빨간색 불빛을, 그리고 정지하였을 때는 불이 꺼지도록 RGB LED의 불빛을 주행에 따라 변하도록 코드를 작성해 봅시다.

알아두기

※ LED(Light Emitting Diode)

우리 말로는 '발광다이오드'로 표기하며, 전류를 가하면 빛을 발하는 반도체 소자입니다. 또한 LED는 약 50,000시간 이상의 반영구적인 수명과 낮은 소비전력으로 광고용 간판, 자동차 램프, 브레이크 램프, 교통신호등, 조명 디스플레이 등 여러 곳에 응용되고 있는 소자입니다.

CHAPTER

06

박수를 쳐서 창의설계 코딩 키트 LED 깜박이기

교육 목표

마이크를 사용하여 박수 소리를 듣고, 박수를 친 순서에 따라 다양한 색상으로 컬러 LED를 깜박이는 창의설계 코딩 키트 코딩

주요 키워드

사운드 센서, 시리얼 모니터

CHAPTER

06 박수를 쳐서 창의설계 코딩 키트 LED 깜박이기

1 창의설계 코딩 키트로 배우는 창의설계 시작하기

이번 장의 테마는 박수 소리를 인식하여 자동차의 LED를 깜박이는 것입니다. 그렇다면 자동차가 어떻게 박수 소리를 인식할 수 있을까요? 사람은 귀로 소리를 들을 수 있습니다. 기계에도 사람의 귀의 역할을 하는 센서가 있습니다. 그것이 소리를 감지할 수 있는 센서인 마이크입니다. 이 마이크를 이용하여 박수 소리를 인식하고, 앞 장에서 배운 RGB LED를 이용하여 불을 깜박여 봅니다.

창의설계 코딩 키트에 내장된 마이크를 사용하여 박수 소리를 감지하고, 박수를 치는 순서에 따라 앞 장에서 배운 RGB LED로 다음과 같이 매번 다른 색의 빛을 내는 코딩을 실습합니다. 참고로, 마이크를 사운드 센서, 소리 센서라고도 부릅니다.

먼저 마이크를 사용하여 소리의 크기를 측정하는 방법을 배우고, 스케치 프로그램의 시리얼 모니터를 이용하여 코드에서 출력하는 데이터를 간단하게 확인하는 법을 배웁니다. 또한 LED를 설정하고 제어하는 코딩 실습을 합니다. 코딩 실습은 먼저 순서도로 작업할 내용의 흐름을 간단히 파악한 후에 각 부분의 코드를 자세히 살펴보기로 합니다.

2 소리 감지를 위한 코딩 명령 익히기

1) analogRead()를 이용한 소리 센서 값 읽기

창의설계 코딩 키트에는 A2핀에 마이크가 연결되어 있습니다. 소리의 유무가 아니라 소리의 크기를 입력 받으려면 analogRead() 함수를 이용하여 센서 값을 읽어올 수 있으며 입력되는 범위는 0~1023 입니다.

analogRead() 함수는 다음과 같은 방법으로 사용합니다. 먼저, 입력 받은 소리의 크기 데이터를 저장할 정수형 변수를 선언하고, 마이크가 연결된 핀 번호를 매개 변수로 하여 analogRead() 함수를 호출하면 데이터(소리의 크기 값)를 읽어 올 수 있습니다. 창의설계 코딩 키트의 마이크가 연결된 핀은 A2입니다. 여기서 A의 의미는 아날로그 데이터 즉 세기를 읽을 수 있는 핀을 의미합니다.

```
const int micPin = A2; // 마이크가 연결된 핀 번호
int sensorData         // 마이크 소리 값을 저장할 변수

sensorData =  analogRead( micPin ); // 마이크 소리 값 저장

if( sensorData > 500 ) // 소리 유무 판단
```

2) 시리얼 모니터로 출력 메시지 보기

코딩을 하다 보면 어떤 코드를 실행하기 전이나 후의 시점에서 특정 변수의 값을 눈으로 확인하고픈 경우가 많이 있습니다. 프로그램이 잘 실행되고 있는지를 확인하기 위하여 실행되는 중간에 특정 메시지나 값을 출력하게 하는 방법이지요.

창의설계 코딩 키트에서 사용하는 시리얼 통신은 범용 비동기 송수신기(UART, Universal asynchronous receiver/transmitter)이며 비동기 통신이기 때문에 송신부

와 수신기의 속도를 맞추어 주어야 합니다. 창의설계 코딩 키트에서 사용 가능한 통신 속도는 다음과 같으며 bps는 초당 통신 bit수입니다.

통신 속도 (bps: bit per second)	300 bps
	1200 bps
	2400 bps
	4800 bps
	9600 bps
	19200 bps
	38400 bps
	57600 bps
	74880 bps
	115200 bps
	230400 bps

우리가 이 장에서 사용하는 코딩 실습 예제에서 마이크의 감도가 소리에 아주 민감하게 반응하여 특정 소리에 대해 analogRead() 값이 많이 낮아져서 반환되는 경우에는 기준(threshold) 값을 더 낮추어 주어야 합니다. 반대로 마이크의 감도가 소리에 너무 둔감하게 반응하여 특정 소리에 대해 analogRead() 값이 많이 높아져서 반환되는 경우에는 기준(threshold) 값을 더 높여주어야 합니다. 이런 조정을 하기 전에 analogRead() 함수가 반환하는 현재 센서의 값이 얼마나 되는지를 눈으로 확인해 보기 위해서 다음과 같이 하면 됩니다. 참고로, 기준(threshold) 값은 대략 500 전후의 값이 적당합니다.

① 통신 포트 초기화: setup() 함수 안에서 Serial.begin(bps); 호출하여 시리얼 터미날을 시작합니다.

② 동일 라인에 출력: Serial.print("화면에 출력할 내용");
출력한 다음 줄 바꾸기: Serial.println("화면에 출력할 내용");

```
Serial.print("AnalogInput= ");
Serial.println( sensorValue );  // 센서로부터 읽은 값 출력
```

스케치 프로그램에서는 다음과 같이 시리얼 모니터 기능을 사용하여 화면으로 출력되는 내용을 간단히 확인할 수 있습니다. 시리얼 모니터 기능을 사용하려면 [도구] 메뉴에서 [시리얼 모니터]를 선택하십시오.

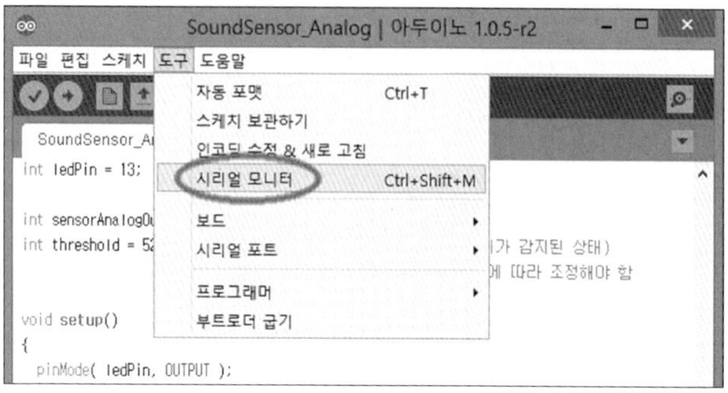

그러면 다음 이미지에서와 같이 별도의 시리얼 모니터 창이 나타나는데, 이를 통해서 출력 내용들을 확인할 수 있습니다.

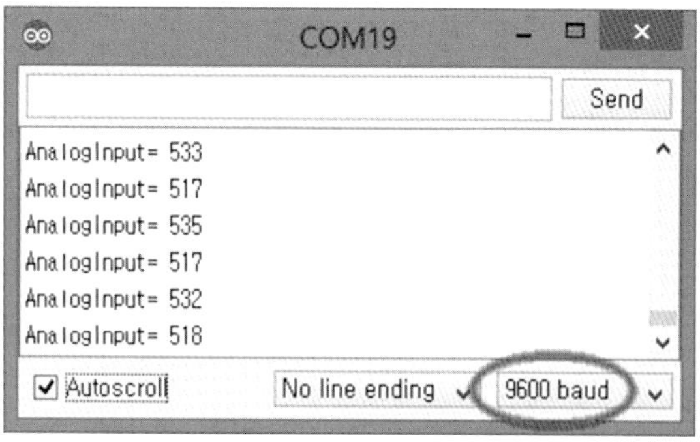

[참고] 메뉴에서 "시리얼 모니터"를 선택하여 실행하면 마지막으로 창의설계 코딩 키트에 업로드 한 내용이 다시 실행됩니다. 그리고, 출력이 제대로 보이기 위해서는 setup() 안에서 Serial.begin() 함수를 호출할 때 사용한 전송 속도와 일치하여야 합니다.

3 박수를 치면 다양한 색상의 빛을 내는 창의설계 코딩하기

1) 동작 준비하기

코딩 실습에 앞서 창의설계 코딩 키트의 연결도 및 연결 상태를 확인하고, 스케치 프로그램으로 작성합니다. 창의설계 코딩 키트 조립설명서에서 자세히 설명되어 있지만 본 장에서 사용하는 마이크와 컬러 LED는 아래와 같이 연결되어 있고 마이크는 A0라고 표기된 핀을 아날로그 핀 A2에 연결하고 추가로 +-〉5V와 G-〉GND, 컬러 LED는 G-〉GND에 연결되어 있습니다.

센서 및 장치		아두이노 연결 핀
마이크(MIC)	아날로그 입력	아날로그 2번 핀
파랑LED(Blue LED)	디지털(PWM)출력	디지털 9번 핀
초록LED(Green LED)	디지털(PWM)출력	디지털 6번 핀
빨강LED(Red LED)	디지털(PWM)출력	디지털 5번 핀

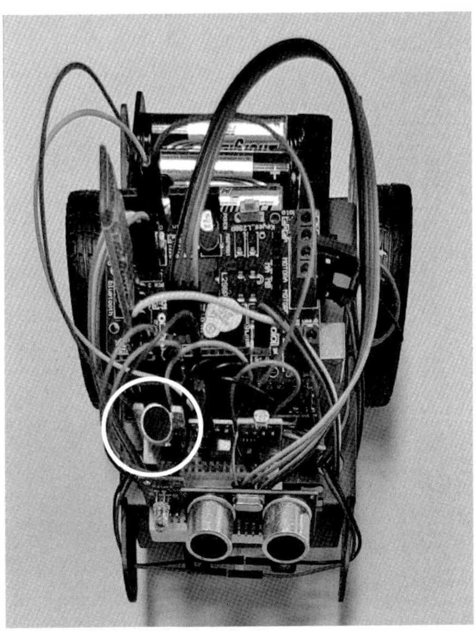

2) 순서도

이번 장에서 창의설계 코딩 키트에 내장되어 있는 마이크를 활용하여 실습하는 예제의 동작 내용은 다음과 같습니다.

첫 번째 박수 소리가 들리면 빨간색 LED를 켜고, 두 번째 박수 소리가 들리면 녹색 LED를 켜며, 세 번째 박수 소리가 들리면 파란색 LED를 켜고, 네 번째 박수 소리가 들리면 LED를 전부 끕니다.

박수 순번	동작 내용
1	빨간색 LED를 켭니다.
2	초록색 LED를 켭니다.
3	파란색 LED를 켭니다.
4	전체 LED를 끕니다.

이 과정을 간단히 요약하면 다음과 같은 순서도로 나타낼 수 있습니다.

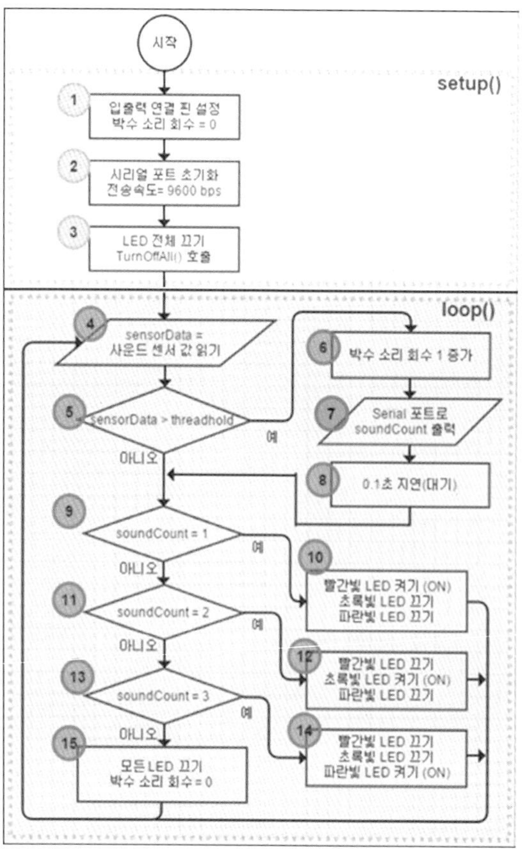

이와같은 동작을 하기 위해서 창의설계 코딩 키트가 동작하는 과정을 순서도에서 부여한 번호와 같이 하나씩 나누어 생각해 보겠습니다. 참고로, 4~15번 부분이 loop() 함수 안에서 반복되며 실행되는 부분입니다.

순서도	내용	해당 코드
1 입출력 연결 핀 설정	setup() 함수 안에서 최초에 실행되는 초기화 작업이 진행됨 박수 소리 회수를 0으로 초기화	②
2 시리얼 포트 초기화 전송속도= 9600 bps	시리얼 통신 포트 초기화, 전송속도 9600 bps로 설정, 시리얼 모니터 사용 용도	④
3 LED 전체 끄기 TurnOffAll() 호출	빨간빛, 초록빛, 파란빛 모두 끔	⑤
4 sensorData = 사운드 센서 값 읽기	마이크로 소리 크기를 읽어서 sensorData 변수에 값을 저장	⑥
5 sensorData > threadhold	소리 크기가 임계값 보다 큰가? 즉, 큰 소리가 들렸는가?	⑦
6 박수 소리 회수 1 증가	박수 소리 회수를 1증가	⑧
7 Serial 포트로 soundCount 출력	시리얼 포트 메시지 출력, 박수 소리 회수 프린트	⑨
8 0.1초 지연(대기)	0.1초 지연	
9 soundCount = 1	첫 번째 박수인가?	⑪
10 빨간빛 LED 켜기 (ON) 초록빛 LED 끄기 파란빛 LED 끄기	빨간색 LED만 켬	
11 soundCount = 2	두번째 박수인가?	⑫
12 빨간빛 LED 끄기 초록빛 LED 켜기 (ON) 파란빛 LED 끄기	초록색 LED만 켬	

13 soundCount = 3	세 번째 박수인가?	⑬
14 빨간빛 LED 끄기 초록빛 LED 끄기 파란빛 LED 켜기 (ON)	파란색 LED만 켬	
15 모든 LED 끄기 박수 소리 회수 = 0	전체 LED를 끕니다. (밝기를 0으로 설정하여 끔) 박수 소리 회수도 다시 초기화	⑭

3) 스케치로 창의설계 코딩 키트 코딩 하기

앞에서 살펴본 작업 순서도와 코드화된 표를 바탕으로 작성된 코드는 아래와 같습니다.

① 마이크와 RGB LED를 제어하는 코딩을 하기 위해서는 마이크가 연결된 핀과 RGB LED의 빨간빛과 초록빛 그리고 파란빛에 해당하는 단자들과 각각 연결될 창의설계 코딩 키트의 핀 값들을 지정하여야 합니다.
한편, 창의설계 코딩 키트에 내장된 마이크는 A2 핀과 연결되어 있으며, 박수 소리를 감지하는 최소값인 마이크의 기준(threshold) 값으로는 500이 지정되어 있다. 즉, A7 핀과 연결된 마이크를 통해 소리 크기를 감지하는데, 500 이상의 크기가 들어오면 큰 소리가 났다고 간주합니다. 참고로 analogRead() 함수는 0에서 1023까지의 값을 반환합니다.

② 박수 회수를 저장하기 위한 변수로 0으로 초기화하고 박수소리가 인식될 때 마다 증가하게 된다.

③ 한번만 실행되는 setup() 함수에서는 먼저 RGB LED의 3가지 색상을 제어할 핀을 출력 단자 속성으로 설정합니다.

④ 그리고 시리얼 통신 포트를 초기화하는데, 통신 속도를 9600 bps로 설정하는 과정입니다.

⑤ 그리고 최초에 RGB LED가 완전히 꺼진 상태를 유지하기 위해서 3가지 색을 모두 끄기 위해 미리 만들어 놓은 함수를 호출합니다.

```
const int redPin = 5;          // 빨강(R) 제어 핀의 연결 번호
const int greenPin = 6;        // 초록(G) 제어 핀의 연결 번호
const int bluePin = 9;         // 파랑(B) 제어 핀의 연결 번호                ①

#define soundPin A2            // 마이크 연결 핀 번호
#define threshould 500         // 마이크 감도 조정 용 기준 값

int soundCount = 0;            // 박수소리 회수                            ②

void setup( )
{
   pinMode( redPin, OUTPUT );
   pinMode( greenPin, OUTPUT );                                          ③
   pinMode( bluePin, OUTPUT );

   Serial.begin( 9600 );       // 9600bps로 시리얼 통신 시작               ④

   TurnOffAll();               //모든 LED 끄는 함수 호출                    ⑤
}
```

이제부터는 무한 반복되며 실행되는 loop() 함수의 내용입니다.

⑥ 가장 먼저 마이크로 소리 크기를 analogRead() 함수를 이용하여 읽은 값을 sensorData 변수에 저장합니다. 즉, sensorData에 현재 확인된 소리 크기 값이 들어갑니다.

⑦ 읽은 소리 크기를 threshold 값과 비교합니다. threshold 값은 위에서 500으로 정의되어 있는데, 만약 마이크를 통해 입력 받은 소리의 크기가 500보다 큰 소리이면 박수 소리가 났다고 생각하고 ⑧, ⑨ 동작을 하게 됩니다.

⑧ 박수 회수를 1 증가 시킵니다.

⑨ 박수 회수를 시리얼 포트로 출력합니다. 이 것이 바로 우리가 시리얼 모니터로 보는 출력 값입니다. 100ms(0.1초)의 시간 지연을 주어서 100ms마다 반복하게 합니다.

⑩ 다음은 switch() 문으로 현재 박수 소리 회수에 따라 case 문에 전달된 값과 soundCount값이 일치 하는 곳으로 점프하여 이동하여 RGB LED 색상을 결정하여 빛을 내고 break문을 만나면 switch문을 빠져나가고 loop()함수의 특성상 다시 ⑥번을 수행하게 됩니다.

⑪ 박수 소리가 첫번째인 경우 빨간색 빛을 최대로 밝히게 됩니다.

⑫ 박수 소리가 두번째인 경우 초록색 빛을 최대로 밝히게 됩니다.

⑬ 박수 소리가 세번째인 경우 파란색 빛을 최대로 밝히게 됩니다.

⑭ 1~3회가 아닌 경우에는 4번 모두 났다고 생각하고 모든 LED 불을 끈 다음 박수 소리 회수를 다시 0으로 초기화합니다. 이 부분이 아래 소스 코드에서 가장 아래에 표시한 default인 경우에 해당합니다.

```
void loop( )
{
  int sensorData = analogRead( soundPin );          ⑥
  if( sensorData > threshould )                     ⑦
  {
    soundCount++;                                   ⑧
    Serial.print(" SoundCount =");
    Serial.println(sensorData);
    delay(1 00);                                    ⑨
  }

  switch( soundCount )
  {                                                 ⑩
    case 1:
      analogWrite( redPin, 255 );
      analogWrite( greenPin, 0 );                   ⑪
      analogWrite( bluePin, 0 );
      break;

    case 2:
      analogWrite( redPin, 0 );
      analogWrite( greenPin, 255 );                 ⑫
      analogWrite( bluePin, 0 );
      break;

    case 3:
      analogWrite( redPin, 0 );
      analogWrite( greenPin, 0 );                   ⑬
      analogWrite( bluePin, 255 );
      break;

    default :
      TurnOffAll();
      soundCount = 0;                               ⑭
      break;
  }
}
```

아래의 TurnOffAll() 함수는 다음의 소스 코드와 같이 3가지 기본 색상의 불빛을 모두 끄는 함수입니다. 앞에서 살펴보았듯이 특정 색상의 LED를 끄는 방법은 PWM 출력을 0으로 하여 밝기를 0으로 설정합니다.

```
void TurnOffAll( )
{
   analogWrite( redPin, 0 );      // 빨간빛을 끕니다.
   analogWrite( greenPin, 0 );  // 초록빛을 끕니다.
   analogWrite( bluePin, 0 );     // 파란빛을 끕니다.
}
```

4) 스케치에서 프로그램 업로드 하고 동작확인 하기

실습 예제를 창의설계 코딩 키트에 업로드 한 후에 실행하여 다음과 같은 동작이 코딩한대로 잘 되는지를 확인합니다.

① 시리얼 모니터에 다음과 같이 출력됩니까? (O , X)

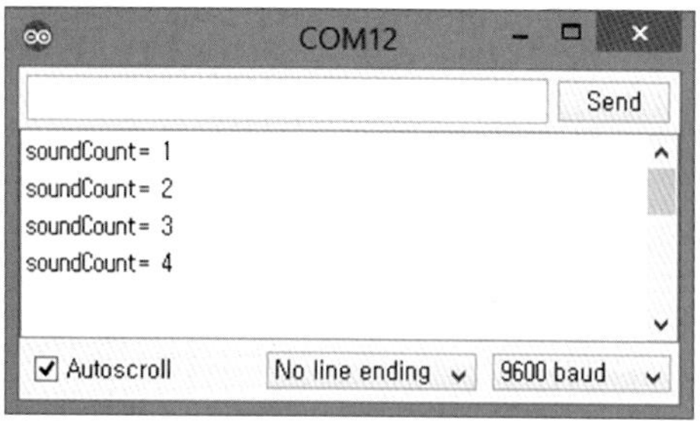

② 첫 번째 박수에 빨간색 LED가 켜집니까? (O , X)

③ 두 번째 박수에 녹색 LED가 켜집니까? (O , X)

④ 세 번째 박수에 파란색 LED가 켜집니까? (O , X)

⑤ 네 번째 박수에 전체 LED가 다 꺼집니까? (O , X)

창의설계

① 박수 소리의 순서에 따라 전진과 후진 및 좌회전과 우회전을 하는 코드를 작성해 봅시다.

② 박수 소리의 크기에 따라 다른 색으로 반응하는 LED 코드를 작성해 봅시다.

알아두기

※ **마이크**

마이크로폰(microphone)은 짧게 줄여서 흔히 마이크(mic)라고도 하는데, 사람이 들을 수 있는 소리를 전기적인 에너지 변환기나 센서로 전달하여 소리를 전기 신호로 변환하여 줍니다.

CHAPTER

07

창의설계 코딩 키트로 멜로디 연주하기

교육 목표

창의설계 코딩 키트에 연결된 스피커를 통하여 멜로디(도레미~도)를 연주해 봅니다.

주요 키워드

스피커

CHAPTER

07

창의설계 코딩 키트로 멜로디 연주하기

1 창의설계 코딩 키트로 배우는 창의설계 시작하기

이번 장의 테마는 멜로디를 연주하기 입니다. 사람은 발성기관을 이용하여 말을 하고 노래를 부를 수 있습니다. 또한, 동물들도 저마다 발성기관이 있고, 곤충들도 소리를 내는 수단이 있습니다. 그렇다면 기계가 소리를 내려면 어떠한 것이 필요할까요? 가장 일반적으로 사용되는 것이 스피커입니다. 여기에서는 실생활에서 사용하는 것보다는 좀 더 작고, 사용이 간편한 것을 사용합니다. 이것을 이용하여 멜로디를 만들어 보고 연주해봅니다.

먼저 스피커를 사용하는 법을 배우고 5옥타브 도부터 6옥타브 도까지 연주하는 방법을 배웁니다. 실습은 먼저 순서도로 작업할 내용의 흐름을 간단히 파악한 후에 각 부분의 코드를 자세히 살펴보기로 합니다.

2 멜로디 연주를 위한 코딩 명령 익히기

1) tone()를 이용한 멜로디 연주하기

창의설계 코딩 키트에는 스피커가 연결되어 있으며 디지털 4번 핀에 연결되어 있습니다. 스피커를 이용하기 위하여 기본적인 함수를 사용해서 멜로디를 연주할 수 있습니다. 이때 아두이노 스케치에서 제공하는 tone()이라는 함수를 사용하는데, 함수 사용시 알아야 하는 내용은 먼저 스피커 핀 번호, 연주할 음의 주파수, 음 길이를 넣어주면 됩니다. 다음과 같이 입력하면 스피커를 통해 원하는 음을 연주할 수 있습니다.

```
tone( 스피커 핀, 원하는 음의 주파수, 음 길이 );
```

3 멜로디 연주를 위한 창의설계 코딩하기

1) 동작 준비하기

코딩 실습에 앞서서 창의설계 코딩 키트의 연결도 및 연결 상태를 확인하고, 스케치 프로그램으로 작성합니다.

센서 및 장치		연결 핀 번호
스피커(Speaker)	디지털 출력	디지털 4번 핀

2) 순서도

여기서 실습할 코딩 내용은 창의설계 코딩 키트가 전진하기 전에 5옥타브 도에서 6옥타브 도까지 연주하고, 3초를 전진한 후에 역순으로 연주합니다. 이러한 과정을 두 번 반복하고 정지하는 동작입니다. 이 과정을 다음과 같이 일반적인 순서도로 나타낼 수 있습니다.

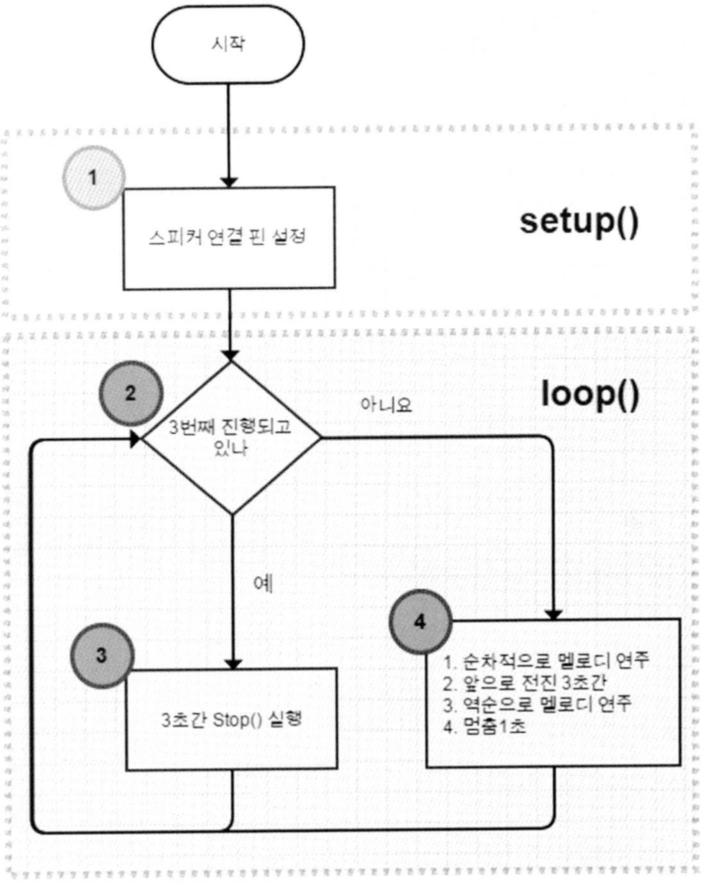

위와 같은 동작을 하기 위해서 창의설계 코딩 키트가 동작하는 과정을 순서도에서 부여한 번호와 같이 하나씩 나누어 생각해 보겠습니다. 참고로 2~4번 부분이 loop() 함수 안에서 실행되는 부분이 무한 반복되며 실행되는 부분입니다.

순서도	내용	해당 코드
1 스피커 연결 핀 설정	초기화 작업 진행 사용되는 핀들의 모드를 설정	③
2 3번째 진행되고 있나	loop() 함수 안에서 3번 실행 되었는지 체크 tag 변수는 0~2의 범위에서 설정	④
3 3초간 Stop() 실행	2번이상 실행되었으면 도,도,도 발생 후 3초간 정지	
4 1. 순차적으로 멜로디 연주 2. 앞으로 전진 3초간 3. 역순으로 멜로디 연주 4. 멈춤1초	1. 도에서 높은 도까지 멜로디를 연주 2. 3초간 앞으로 전진 3. 역순으로 멜로디를 연주 4. 1초간 멈춤	⑤, ⑥, ⑦

3) 스케치로 창의설계 코딩 키트 코딩하기

① 멜로디를 연주하기 위하여 스피커가 연결된 2번 핀을 설정해 주고 모터 관련 핀들을 설정합니다. 반복 회수를 세기 위하여 tag 변수를 정의하고 0으로 초기화해줍니다.

```
#define speakerPin 4          // 스피커가 연결된 핀 번호
const int pinDIR1 =13;        // 오른쪽(1번) 모터 회전 방향 제어핀 번호
const int pinPWM1 =11;        // 오른쪽(1번) 모터 회전 속도 제어핀 번호
const int pinDIR2 = 12;       // 왼쪽(2번) 모터 회전 방향 제어핀 번호
const int pinPWM2 =10;        // 왼쪽(2번) 모터 회전 속도 제어핀 번호
 int tag = 0;                // 반복 회수 변수
```
①

```
void setup( )
{
    pinMode( speakerPin, OUTPUT );
    pinMode( pinDIR1, OUTPUT );
    pinMode( pinPWM1, OUTPUT );
    pinMode( pinDIR2, OUTPUT );
    pinMode( pinPWM2, OUTPUT );
}
```
②

② setup() 함수는 실행 초기에 단 한번만 실행되며, 보통 상수나 변수 값 등을 설정하는 초기화 작업을 진행합니다. 이 예제에서는 스피커 핀 및 모터 제어를 위한 핀을 출력으로 설정을 합니다.

이제부터는 무한 반복되며 실행되는 loop() 함수의 내용입니다.

```
void loop( )
{
    const int noteLength = 500;
```
③

```
    if( tag == 2 ) {
        tone( speakerPin, 1046, noteLength );
        delay(500);
        tone( speakerPin, 1046, noteLength );
        delay(500);
        tone( speakerPin, 1046, noteLength );
        delay(500);
        Stop();
        delay(3000);
        tag = 0;
    }
```
④

loop() 함수는 보통 유사한 내용의 작업들이 변수에 저장된 특정 값만 증가하거나 감소하면서 반복되는 작업을 진행합니다. 이 예제에서는 다음과 같이 창의설계 코딩 키트가 멜로디를 순차적으로 연주한 후에 전진하고, 다시 역순으로 연주한 후에 정지합니다. 이를 2회 반복합니다. 3번째에는 먼저 6옥타브 도를 3번 연주하고 마지막으로 1초동안 멈춰 있습니다.

③ 음의 길이를 정의합니다.

④ 3번째일 경우 6옥타브 도를 3번 연주하고 정지합니다.

```
// 5 옥타브 도레미파솔라시도 연주
tone( speakerPin, 523, noteLength ); delay(500);
tone( speakerPin, 587, noteLength ); delay(500);
tone( speakerPin, 659, noteLength ); delay(500);
tone( speakerPin, 698, noteLength ); delay(500);
tone( speakerPin, 784, noteLength ); delay(500);
tone( speakerPin, 880, noteLength ); delay(500);
tone( speakerPin, 987, noteLength ); delay(500);
tone( speakerPin, 1046, noteLength ); delay(500);
Forward( 200 );
delay(3000);
Stop( );
```

⑤

```
// 5 옥타브 도시라솔파미레도 역순 연주
tone( speakerPin, 1046, noteLength ); delay(500);
tone( speakerPin, 987, noteLength ); delay(500);
tone( speakerPin, 880, noteLength ); delay(500);
tone( speakerPin, 784, noteLength ); delay(500);
tone( speakerPin, 698, noteLength ); delay(500);
tone( speakerPin, 659, noteLength ); delay(500);
tone( speakerPin, 587, noteLength ); delay(500);
tone( speakerPin, 523, noteLength ); delay(500);
```

⑥

```
    Stop( );
    delay(1000);
    tag++;                                      ⑦
}
```

⑤ 6 옥타브 "도레미파솔라시도" 멜로디 연주 후 200의 속도로 3초간 전진을 합니다.

⑥ 6 옥타브 "도시라솔파미레도" 멜로디 연주 후 1초간 정지를 합니다.

⑦ Tag 변수를 1 증가시켜 반복 회수를 셉니다.

⑧ **loop() 함수에서 호출하여 사용하는 Forward(), Stop() 함수는 4장을 참조하여 loop() 함수 뒤 에 추가 하여야만 전체 소스를 완성할 수 있습니다.**

아래 표는 옥타브에 따른 각 음계의 주파수를 나타냈습니다.

옥타브	1	2	3	4	5	6	7	8
도	32	65	130	261	523	1046	2093	4186
도#	34	69	138	277	554	1108	2217	4434
레	36	73	146	293	587	1174	2349	4698
레#	38	77	155	311	622	1244	2489	4978
미	41	82	164	329	659	1318	2637	5274
파	43	87	174	349	698	1396	2793	5587
파#	46	92	184	369	739	1479	2959	5919
솔	48	97	195	391	784	1567	3135	6271
솔#	51	103	207	415	830	1661	3322	6644
라	55	110	220	440	880	1760	3520	7040
라#	58	116	233	466	932	1864	3729	7458
시	61	123	246	493	987	1975	3951	7902

4) 스케치에서 프로그램 업로드 하고 동작 확인하기

실습 예제를 창의설계 코딩 키트에 업로드 한 후에 실행하여 다음과 같은 동작이 잘 되는지를 확인합니다.

① 멜로디가 잘 연주 됩니까? (O , X)

② 멜로디 연주 후에 전진이 잘됩니까? (O , X)

③ 3번째 반복 될 경우 정지 합니까? (O , X)

창의설계

① 위 예제에서 멜로디를 배열 형태의 변수에 저장하고 반복문을 사용하여 코드를 단순화해서 작성해 봅시다.

② tone() 함수와 delay()함수를 호출하는 하나의 함수를 만들어 작성해 봅시다.

CHAPTER

08

구역 내에서만 창의설계 코딩 키트 움직이기

교육 목표

창의설계 코딩 키트의 적외선 센서를 제어하여 지정한 구역 내에서만 움직이는 방법을 배웁니다.

주요 키워드

모터 방향 제어, 속도 제어, 적외선 센서 제어

CHAPTER

08 구역 내에서만 창의설계 코딩 키트 움직이기

1 창의설계 코딩 키트로 배우는 창의설계 시작하기

이번 장의 테마는 구역 내에서만 자동차 움직이기입니다. 여기에서 말하는 구역은 검정색으로 된 라인 안 쪽을 말합니다. 사람은 눈을 이용하여 검정색 라인을 인지하고 그에 따른 동작을 할 수 있습니다. 기계에도 사람의 눈을 대신할 수 있는 카메라가 있습니다. 그렇지만, 여기에서는 검은색 라인만 판단할 수 있으면 되기 때문에, 검은색을 판단할 수 있는 적외선 센서를 이용합니다. 적외선 센서는 적외선을 내보내고, 받을 수 있는 센서입니다. 검은색을 판단하는 데 적외선 센서를 이용하는 이유는 빛은 검정색에 흡수되고, 다른 색에는 반사를 하기 때문입니다. 이것을 이용하여 센서에서 내보낸 적외선이 돌아오는지를 판단하여 검은색을 인식하는 것입니다.

먼저 적외선 센서를 사용하는 법을 배우고 모터와 연동하여 구역 바깥으로 못나가게 하는 방법을 배웁니다. 차후에, 전체 과정을 모아서 직접 창의설계 코딩 키트를 제어하여 움직이는 순서로 코딩 실습을 진행합니다. 코딩 실습은 먼저 순서도로 작업할 내용의 흐름을 간단히 파악한 후에 각 부분의 코드를 자세히 살펴보기로 합니다.

2 적외선 센서를 이용한 구역이동을 위한 코딩 명령 익히기

1) 적외선 센서값 불러오기

창의설계 코딩 키트에는 2개의 적외선 센서가 연결되어 있습니다. 적외선 센서는 적외선을 이용하여 흑백 또는 명암을 구분할 수 있습니다. 적외선 센서의 값을 읽기 위하여 위해서는 digitalRead() 라는 함수를 사용하게 됩니다.

다음과 같이 아두이노 스케치에서 제공하는 digitalRead() 함수는 연결되어 있는 핀의 번호를 지정하면, 그 핀을 통해서 들어오는 값을 가져올 수 있습니다.

```
digitalRead( pinNumber );
```

창의설계 코딩 키트가 검은 선으로 둘러진 구역 안에서만 이동하려면 검은 선을 검출할 수 있어야 합니다. 적외선 센서는 아래의 그림처럼 바닥이 흰색이면 0의 값을, 바닥이 검정색이면 1의 값을 줍니다.(센서에 따라 반대로 값을 줄 수도 있습니다.)

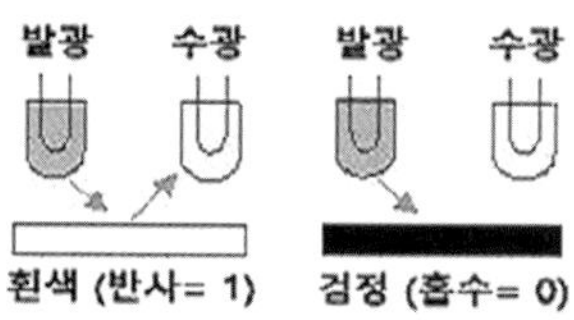

이것을 코드로 바꾸면 다음과 같습니다.

```
int IRdata = digitalRead( 1개의 적외선 센서 핀 번호 ) ;
```

이렇게 코딩하면 1개의 적외선 센서의 값이 IRdata라는 변수에 저장됩니다. 이것을 loop()문에서 각각의 적외선 센서 값이 0인지 1인지를 판단하여 모터를 움직이게 됩니다.

3 구역 내에서만 움직이는 창의설계 코딩하기

1) 동작 준비하기

코딩 실습에 앞서서 창의설계 코딩 키트의 연결도 및 연결 상태를 확인하고, 스케치 프로그램으로 작성합니다.

두개의 적외선센서는 디지털 2, 3 핀에 연결합니다. 추가로 각 적외선센서의 VCC-〉5V와 GND-〉GND에 연결되어 있습니다.

센서 및 장치		아두이노 연결 핀
오른쪽 적외선 센서UltraSonic1)	디지털 입력	디지털 2번 핀
왼쪽 적외선센서 (UltrasSonic2)	디지털 입력	디지털 3번 핀

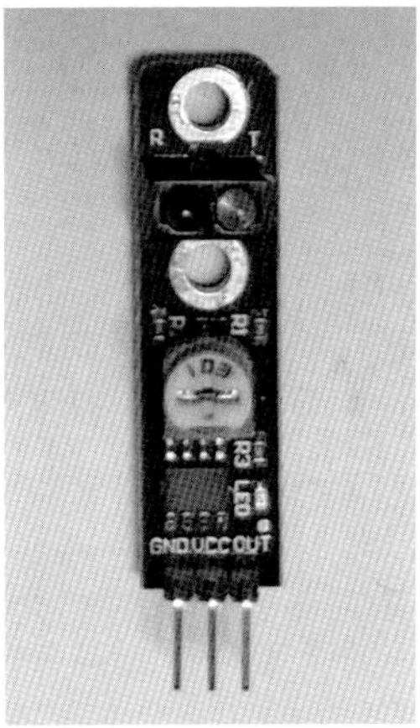

2) 순서도

여기서 실습할 코딩 내용은 창의설계 코딩 키트를 전진시키고 검은 라인이 있으면 회피하여, 검은 라인 안에서만 움직이는 동작입니다. 이 과정을 다음과 같이 일반적인 순서도로 나타낼 수 있습니다.

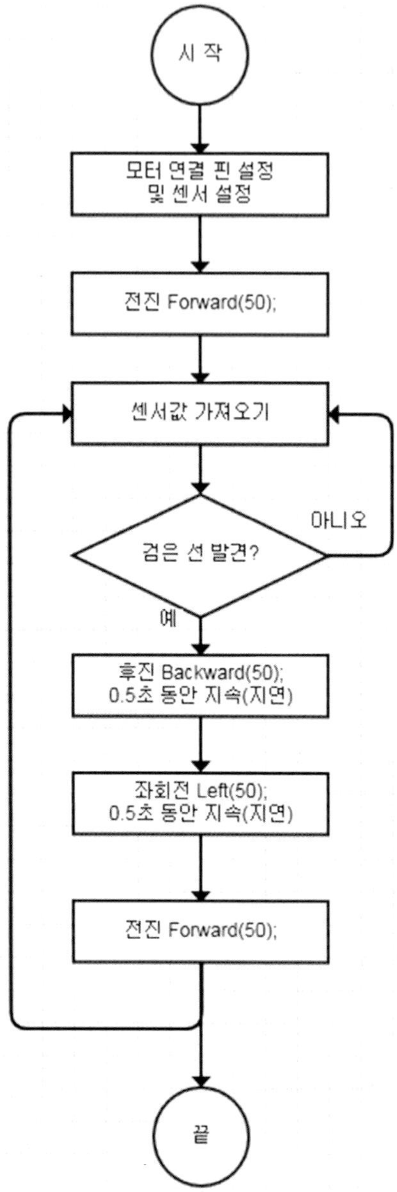

실제 스케치에서 코딩 한 프로그램이 창의설계 코딩 키트에서 실행되는 경우 종료되지 않고 계속 loop() 함수가 반복됩니다. 그래서 스케치 프로그램에 맞는 구조로 위의 순서도를 약간 바꾸어 그리면 다음과 같습니다.

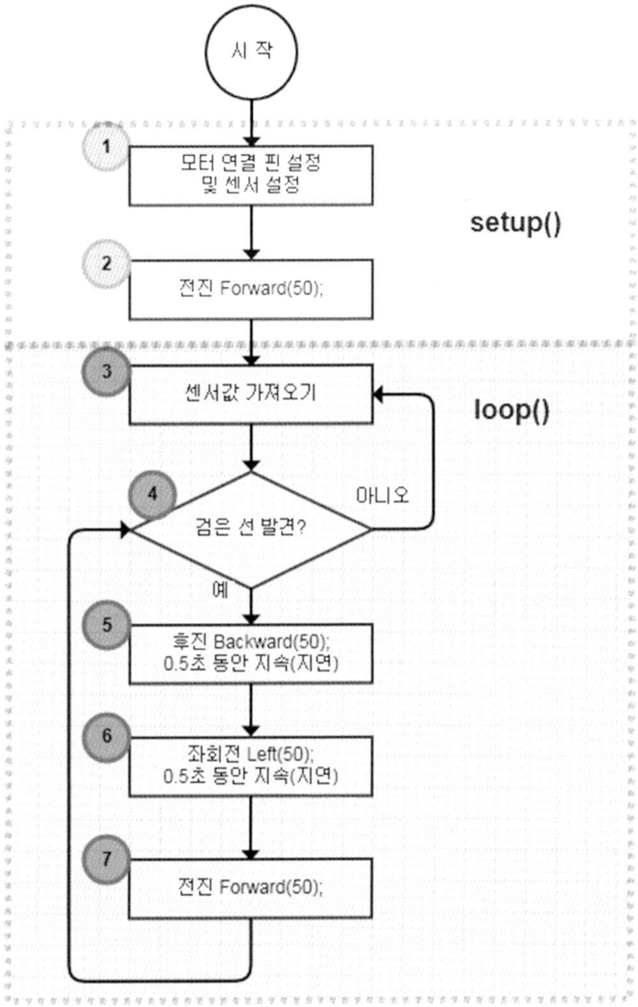

위와 같은 동작을 하기 위해서 창의설계 코딩 키트가 동작하는 과정을 순서도에서 부여한 번호와 같이 하나씩 나누어 생각해 보겠습니다. 참고로, 3~7번 부분이 loop() 함수 안에서 실행되는 부분입니다.

순서도	내용	해당 코드
1 모터 연결 핀 설정 및 센서 설정	setup() 함수 안에서 최초에 1번 실행되는 초기화 작업 진행	②
2 전진 Forward(50);	창의설계 코딩 키트 전진	
3 센서값 가져오기	loop() 함수 안에서 반복되면서 적외선 센서의 센서값을 읽음	③
4 검은 선 발견?	loop() 함수 안에서 반복되면서 처리되어야 할 작업들에 대한 반복 조건 비교	④, ⑤
5 후진 Backward(50); 0.5초 동안 지속(지연)	창의설계 코딩 키트를 0.5초 동안 50의 속도로 후진	
6 좌회전 Left(50); 0.5초 동안 지속(지연)	창의설계 코딩 키트를 0.5초 동안 50의 속도로 좌회전	
7 전진 Forward(50);	창의설계 코딩 키트를 50의 속도로 전진 후 0.2초 지연	

3) 스케치로 창의설계 코딩 키트 코딩하기

앞에서 살펴본 작업 순서도와 코드화된 표를 바탕으로 작성된 코드는 아래와 같으며 창의설계 코딩 키트 모터 제어 부분에 대한 상세한 설명은 4장을 참조 바랍니다.

모터를 제어하는 코딩을 하기 위해서는 사용될 모터 번호나 회전 방향과 회전 속도 지정에 사용될 값들이 있어야 합니다.

① 적외선 센서가 연결된 핀 번호와 모터를 제어하기 위한 각각의 모터 회전방향과 속도를 제어하는 핀 번호에 대한 상수 값, 모터 속도 값을 위한 변수 값 등을 정의합니다.

```
#define IR1 2
#define IR2 3
#define pinDIR1 13     // 오른쪽 모터 회전 방향 제어핀 번호
#define pinPWM1 11  // 오른쪽 모터 회전 속도 제어핀 번호
#define pinDIR2 12     // 왼쪽 모터 회전 방향 제어핀 번호
#define pinPWM2 10  // 왼쪽 모터 회전 속도 제어핀 번호
int Speed = 100;        // 속도 설정
```
①

```
void setup()
{
   pinMode( pinDIR1, OUTPUT );
   pinMode( pinPWM1, OUTPUT );
   pinMode( pinDIR2, OUTPUT );
   pinMode( pinPWM2, OUTPUT );
   pinMode(IR1, INPUT);
   pinMode(IR2, INPUT);
   Forward( Speed );
}
```
②

② setup() 함수는 실행 초기에 단 한번만 실행되며, 이 예제에서는 다음과 같이 좌우 모터의 방향 설정 핀과 속도 설정 핀을 출력 속성으로 설정하게 되며 적외선 센서가 연결된 2, 3 핀은 입력으로 사용되며, 이때 핀 속성이 입력으로 사용될 때는 속성을 생략할 수 있습니다. 또한, 프로그램 업로드 후에 바로 창의설계 코딩 키트를 움직이게 하기 위해 전진 코드를 추가하였습니다.

이제부터는 무한 반복되며 실행되는 loop() 함수의 내용입니다. 다음과 같이 창의 설계 코딩 키트가 검은 선을 감지하고 회피하고, 전진을 반복합니다.

```
void loop( )
{
    int irData1 = digitalRead( IR1 ); // 1번 적외선 센서값을 읽음        ③
    int irData2 = digitalRead( IR2 ); // 2번 적외선 값을 읽음

    if( (irData1 == 1) || (irData2 == 1) )
    {
        Backward( Speed );
        delay( 500 );
        Left( Speed );                                                  ④
        delay( 500 );
        Forward( Speed );
        delay( 500 );
    }

    delay( 20 );                                                        ⑤
}
```

③ 먼저 검은 선을 감지하기 위해서 즉 읽은 적외선 값의 크기가 아니라 유무만 판단하면 되기 때문에 digitalRead()함수를 이용하여 2, 3번 핀에 연결되어 있는 두 개의 적외선 센서 값을 읽어서 irData1, irData2 변수에 저장합니다.

④ if(){}은 괄호()안의 내용이 올바른 경우에 {}안의 내용을 실행시킵니다. 즉 두 개의 적외선 센서로부터 읽은 값 중에서 하나라도 값이 '1'이면 검은 라인으로 판단하고 0.5초간 후진한 후 0.5초간 좌회전을 하고 전진을 0.5초간하여 검정 선을 회피하도록 합니다.

⑤ 0.002초마다 적외선 센서 값을 읽으면서 위 동작을 반복하게 됩니다.

⑥ loop() 함수에서 호출하여 사용하는 Forward(), Backward(), Left() 함수는 4장을 참조하여 loop() 함수 뒤에 추가 하여야만 전체 소스를 완성할 수 있습니다.

4) 스케치에서 프로그램 업로드 하고 동작 확인하기

실습 예제를 창의설계 코딩 키트에 업로드 한 후에 실행하여 다음과 같은 동작이 잘 되는지를 확인합니다.

① 창의설계 코딩 키트가 전진으로 시작합니까? (O , X)

② 창의설계 코딩 키트의 검정선을 만나면 회피합니까? (O , X)

창의설계

위의 예제와 반대로 검정 선을 회피하는 것이 아니라, 검정 선만 따라가게 만들어 보세요.

알아두기

※ 적외선 센서

적외선 센서는 2cm 내외의 가까운 거리의 흑백 또는 명암을 구분하는 센서입니다. 적외선을 발사하여 반사되어 되돌아오는 양을 감지하여 밝기를 구분합니다.

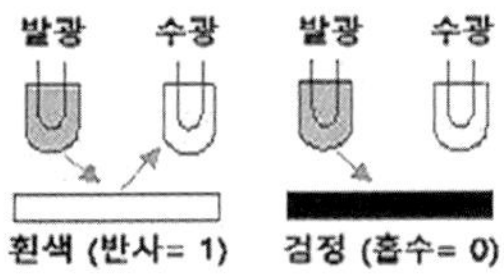

CHAPTER

09

창의설계 코딩 키트로 진동 감지하기

교육 목표

창의설계 코딩 키트에 진동 센서를 연결하여 진동을 감지하고 반응하는 방법을 배웁니다.

주요 키워드

모터 제어, 진동 감지, 소리 제어

CHAPTER

09 창의설계 코딩 키트로 진동 감지하기

1 창의설계 코딩 키트로 배우는 창의설계 시작하기

이번 장의 테마는 진동을 감지하기 입니다. 사람은 피부를 통하여 진동이나 충격 등을 느낄 수 있습니다. 그렇다면 기계가 진동을 감지하려면 어떻게 할까요? 진동을 느낄 수 있는 센서가 필요합니다. 여기에서는 진동을 전기적신호로 바꿔주는 진동 센서를 이용합니다. 이것을 이용하여 진동을 감지하고 그에 따라 다양한 동작을 해봅시다.

먼저 진동 센서로부터 진동을 감지하는 과정을 살펴 본 후에, 전체 과정을 모아서 직접 창의설계 코딩 키트를 제어하여 움직이는 순서로 코딩 실습을 진행합니다. 코딩 실습은 먼저 순서도로 작업할 내용의 흐름을 간단히 파악한 후에 각 부분의 코드를 자세히 살펴보기로 합니다.

2 진동 감지를 위한 코딩 명령 익히기

1) 진동 센서값 불러오기

진동 센서는 터치, 충돌, 흔들림 등을 감지할 수 있는 센서입니다. 진동 센서의 값을 읽기 위하여 위해서는 analogRead() 라는 함수를 사용하게 됩니다.

다음과 같이 analogRead() 함수는 연결되어 있는 핀의 위치를 지정하면, 그 핀으로 들어오는 값을 가져올 수 있습니다.

```
analogRead( pinNumber );
```

2) 진동의 유무 확인 해보기

창의설계 코딩 키트가 진동의 유무를 확인하기 위해서는 센서가 연결되어 있는 부분의 값을 읽어 오면 됩니다. 앞에서 살펴본 바와 같이 센서를 제어할 때 사용하는 analogRead() 함수를 호출할 때 매개변수의 값으로 진동센서가 연결되어 있는 핀 번호인 A1을 넣어주면 됩니다. 진동센서 값은 0~1023 범위의 값을 가지며, 진동이 커질수록 진동센서로부터 들어 오는 값이 작아지므로 본 실습에서는 100 미만 값을 진동으로 판단 하였습니다.

진동의 유무	제어 신호(값)
진동 있음	100 미만
진동 없음	100 이상

3 진동을 감지할 때 소리 내기

1) 동작 준비하기

코딩 실습에 앞서서 창의설계 코딩 키트의 연결도 및 연결 상태를 확인하고, 스케치 프로그램으로 작성합니다.

진동센서의 A0라고 표시된 핀을 아날로그 A1 핀에 연결합니다. 추가로 각 진동센서의 VCC-〉5V와 GND-〉GND에 연결되어 있습니다.

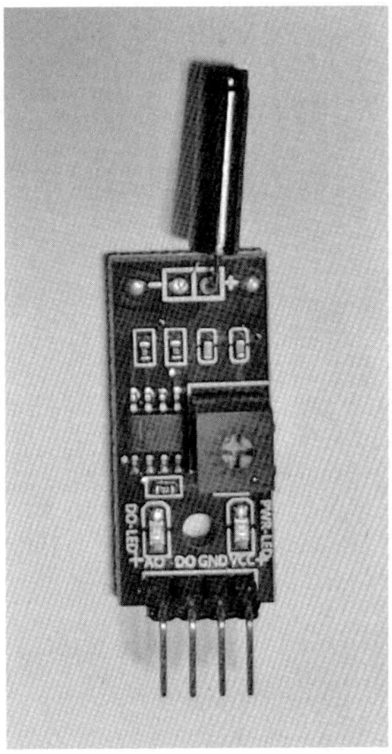

센서 및 장치		아두이노 연결 핀
진동 센서(Vibration)	아날로그 입력	아날로그 1번 핀

2) 순서도

여기서 실습할 창의설계 코딩 키트 동작은 진동이 있을 때 3초간 "삐~" 소리를 내는 동작을 하기 위해서 창의설계 코딩 키트가 동작하는 과정을 생각해봅시다.

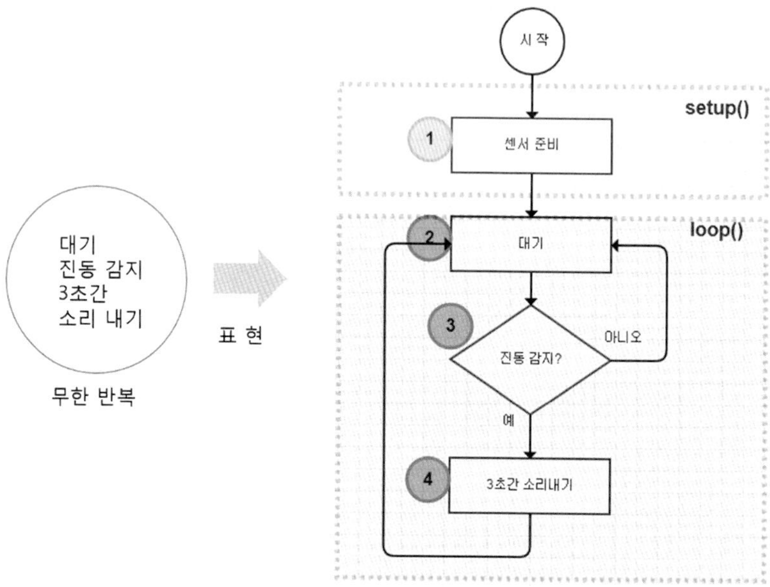

위와 같은 동작을 하기 위해서 창의설계 코딩 키트가 동작하는 과정을 순서도에서 부여한 번호와 같이 하나씩 나누어 생각해 보겠습니다.

순서도	내용	해당 코드
① 센서 준비	1번 과정에서는 사용하는 센서에 대한 설정	②
② 대기	2번 과정에서는 진동이 있을 때까지 대기	생략
③ 진동 감지?	3번 과정에서는 진동이 있는 지 확인	③
④ 3초간 소리내기	4번 과정에서는 3초간 스피커를 이용하여 소리 발생	

3) 스케치로 창의설계 코딩 키트 코딩하기

① 진동 센서와 부저가 연결된 핀 번호에 대한 상수 값을 정의합니다.

② 부저가 연결된 핀 디지털 4번 핀은 출력으로 설정하고 진동센서가 연결된 A1번 핀은 아날로그 핀이므로 입출력 설정을 하지 않아도 됩니다.

```
#define BUZZER 4   // 부저 제어 핀 번호
#define VIB  A1    // 진동센서 제어 핀 번호
```
①

```
void setup( )
{
   pinMode( BUZZER, OUTPUT );
}
```
②

```
void loop( )
{
   if( analogRead( VIB ) < 100 )
   {
      tone( BUZZER, 523 );
      delay(3000);
      noTone(BUZZER);
   }
}
```
③

③ if(){}은 괄호()안의 내용이 참일 경우에 {}안의 내용을 실행시킵니다. analoglRead(VIB)은 A1번에 연결된 진동센서의 값을 읽어오는 함수입니다. 즉, if(analogRead(VIB) 〈 100)라는 의미는 진동센서의 값을 읽어서 그 값이 100미만인 경우에 {}안의 내용을 실행한다는 의미입니다. tone()과 noTone()은 부저를 이용하여 소리를 내고, 정지하는 함수입니다. tone 함수에는 2가지를 설정하게 되는 데, 하나는 부저의 연결 위치이고, 다른 하나는 어떤 소리를 낼 것인

지 설정합니다. tone(buzzer, 523)이라고 하면 2번 핀에 연결되어 있는 부저를 통해 523Hz의 소리를 낸다는 의미입니다. noTone()은 부저의 소리를 끈다는 의미입니다.

4) 스케치에서 프로그램 업로드하여 동작 확인하기

① 창의설계 코딩 키트를 건드리면 소리가 납니까? (O , X)
② 소리가 3초간 유지됩니까? (O , X)
③ 창의설계 코딩 키트가 가만히 있을 때 소리가 납니까? (O , X)

4 진동을 감지할 때 움직이는 창의설계 코딩하기

1) 동작 준비하기

4장 3절의 전진과 후진 및 정지 코딩하기와 위 3절의 진동을 감지할 때 소리 내기를 참조하여 창의설계 코딩 키트를 준비합니다.

2) 순서도

이번 절의 창의설계 코딩 키트 예제의 동작은 아래와 같습니다.

진동이 있을 때 임의의 방향으로 움직이는 창의설계 코딩 키트

위와 같은 동작을 하기 위해서 창의설계 코딩 키트가 동작하는 과정을 생각해봅시다. 창의설계 코딩 키트의 동작을 하나씩 나누어 생각할 수 있습니다. 기본적인 생각을 정리한 것이 다음의 왼쪽 그림과 같습니다. 이 그림을 앞서 배운 순서도로 나타내면 다음의 오른쪽 그림과 같게 됩니다.

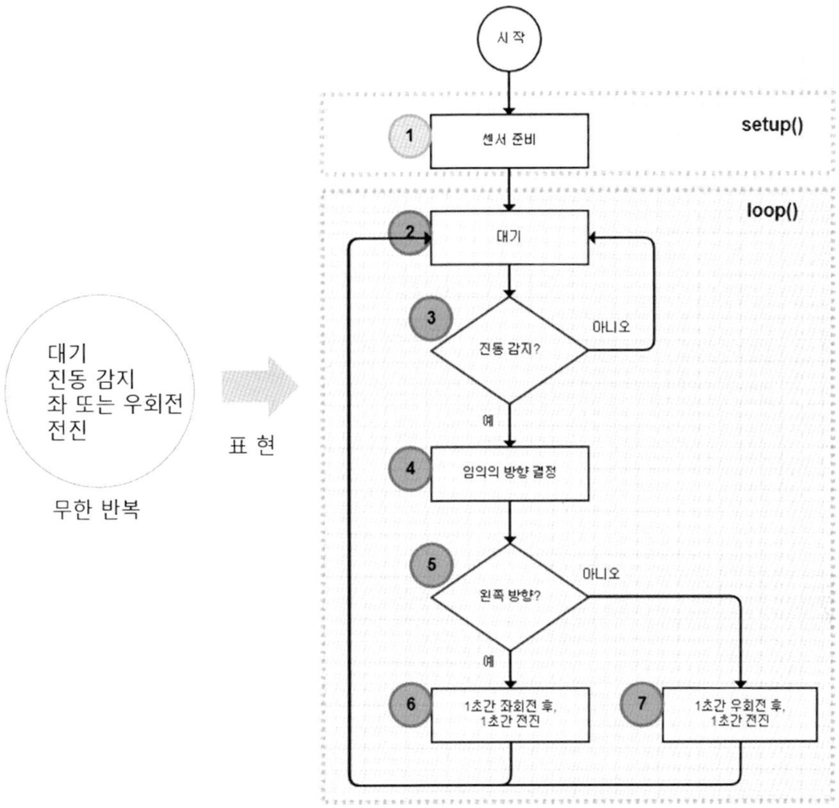

앞서 만든 순서도는 아래 표와 같이 코드화 됩니다. 각각의 변환된 코드는 코딩 시 실제 사용됩니다.

순서도	내용	코드
1 센서 준비	1번 과정에서는 사용하는 센서 및 모터에 관한 설정을 합니다.	②
2 대기	2번 과정에서는 진동이 발생할 때까지 대기합니다.	생략
3 진동 감지?	3번 과정에서는 진동의 유무를 확인합니다.	③

4 임의의 방향 결정	4번 과정에서는 진동이 있을 경우 방향을 임의로 설정합니다.	④
5 왼쪽 방향?	5번 과정에서는 방향을 확인합니다.	
6 1초간 좌회전 후, 1초간 전진	6번 과정에서는 1초간 좌회전 후, 1초간 전진합니다.	⑤
7 1초간 우회전 후, 1초간 전진	7번 과정에서는 1초간 우회전 후, 1초간 전진합니다.	

3) 스케치로 창의설계 코딩 키트 코딩하기

```
#define VIB A1           // 진동센서 제어핀 번호
#define pinDIR1 13       // 오른쪽 모터 회전 방향 제어핀 번호
#define pinPWM1 11       // 오른쪽모터 회전 속도 제어핀 번호
#define pinDIR2 12       // 왼쪽 모터 회전 방향 제어핀 번호
#define pinPWM2 10       // 왼쪽 모터 회전 속도 제어핀 번호
int Speed = 200;         // 속도 설정
```

①

```
void setup()
{
  pinMode( pinDIR1, OUTPUT );
  pinMode( pinPWM1, OUTPUT );
  pinMode( pinDIR2, OUTPUT );
  pinMode( pinPWM2, OUTPUT );
}
```

②

```
void loop()
{
    if( analogRead(VIB) < 100 )        ③
    {
        if( random(0,2) == 1)          ④
        {
            Left(Speed);
        }
        else
        {
            Right(Speed);              ⑤
        }
        delay(1000);
        Forward(Speed);
        delay(1000);
        Stop( );
    }
}
```

① 진동 센서가 연결된 핀 번호와 모터를 제어하기 위한 각각의 모터 회전방향과 속도를 제어하는 핀 번호에 대한 상수 값, 모터 속도 값을 위한 변수 값 등을 정의 합니다.

② pinMode()함수를 사용하여 좌우 모터의 방향 설정 핀과 속도 설정 핀을 출력 속성으로 설정됩니다.

③ 만약 진동센서 값을 읽어서 100 미만이면 진동이 있는 것으로 판단하여 {}안의 내용을 실행한다는 의미입니다.

④ if()의 안에 random(0,2)라는 것이 있습니다. random() 함수는 스케치에서 제공하는 함수로 괄호 안의 두 숫자 사이에서 임의의 숫자를 발생하는 함수입니다. 예를 들어 random(0,2)라고 하면 0~1의 임의의 숫자 0 또는 1이 출력됩니다.

⑤ 이때 1이 나오면 Left(좌회전), 0이 나오면 Right(우회전)을 1초간 실행하게 됩니다. 그 후, 1초간 전진한 후에 멈추게 됩니다.

⑥ Forward(), Right(), Left(),, Stop() 함수의 정의는 4장을 참조하여 loop() 함수 뒤에 추가하기 바랍니다.

4) 스케치에서 프로그램 업로드하여 동작 확인하기

진동 센서 예제를 위의 방법으로 창의설계 코딩 키트에 업로드 합니다.

① 창의설계 코딩 키트를 건드리면 움직입니까? (O , X)

② 움직일 때 임의의 방향으로 움직입니까? (O , X)

③ 창의설계 코딩 키트가 전진 후에 멈춥니까? (O , X)

창의설계

① 임의의 주행 중에 진동을 감지하면 3초간 정지했다가 주행해 봅시다.

② 최저 속력을 10, 최대 속력을 100으로 정해 놓고, 진동을 느낄 때마다 속력이 10씩 증가해서 주행해 봅시다. 최대 속력이 100이 되었을 때에는 다시 최저 속력으로 돌아옵니다.

알아두기

※ 진동 센서

진동 센서는 살짝 톡하고 건드리는 정도의 진동 신호도 감지할 수 있습니다.

※ 임의의 수 생성 random()함수

임의의 수를 생성할 때 자주 사용하는 것이 random()함수입니다. random()함수의 기본 구조는 아래와 같습니다.

```
random(정수A, 정수B);
```

random()함수에 정수 A와 정수 B를 넣으면 A~(B-1)의 사이의 값 중에 하나가 출력됩니다.

CHAPTER

10

어두워지면 멈추는 창의설계 코딩 키트 만들기

교육 목표

조도 센서를 이용하여 어두워지면 멈추는 창의설계 코딩 키트를 코딩 합니다.

주요 키워드

조도 센서, 시리얼 모니터

CHAPTER

10 어두워지면 멈추는 창의설계 코딩 키트 만들기

1 창의설계 코딩 키트로 배우는 창의설계 시작하기

이번 장의 테마는 어두워지면 멈추는 창의설계 코딩 키트 만들기입니다. 낮에는 밝고, 밤에는 어둡습니다. 이유는 무엇일까요? 태양이 빛을 내기 때문입니다. 사람은 눈을 통해 빛이 들어오는 것을 알 수 있고, 밝고 어두운 것을 구별할 수 있습니다. 센서 중에서도 빛의 세기를 감지할 수 있는 것이 있습니다. 단위 표면에 비추는 빛의 양을 조도라고 하고, 그것을 감지할 수 있는 조도 센서가 있습니다. 여기에서는 조도 센서를 사용하여 빛이 있을 때 전진하고 어두워 지면 멈추는 창의설계 코딩 키트를 만듭니다.

먼저 조도 센서에 대하여 사용법을 학습하고 빛이 있을 때 데이터 값과 없을 때의 데이터 값을 비교 하여 각각 전진하거나 멈추도록 합니다. 마지막으로 6장에서 배운 시리얼 모니터를 사용하여 데이터를 확인하고 코딩을 실습합니다. 코딩 실습은 먼저 순서도로 작업할 내용의 흐름을 간단히 파악한 후에 각 부분의 코드를 자세히 살펴보기로 합니다.

2 조도 인식을 위한 코딩 명령 익히기

1) 조도 센서 값 읽기

창의설계 코딩 키트에는 조도 센서를 연결할 수 있으며, 조도센서는 아날로그 A0 핀에 연결하였습니다. 여기서 사용하는 조도센서 모듈의 아날로그 입력 값은 0 에서 1023까지의 값이 될 수 있으며, 밝을수록 0에 가깝고, 어두울수록 1023에 가까운 값이 들어옵니다.

다음과 같이 analogRead() 함수를 사용하며 센서 데이터를 저장할 변수를 선언하고 analogRead() 함수 안에 조도센서가 연결된 핀 번호를 입력하면 센서 데이터를 읽어 올 수 있습니다.

```
int temp = analogRead(조도 센서 핀);
```

3 어두워지면 멈추는 창의설계 코딩하기

1) 동작 준비하기

코딩 실습에 앞서서 창의설계 코딩 키트의 연결도 및 연결 상태를 확인하고, 스케치 프로그램으로 작성합니다.

조도센서의 A0라고 표시된 핀을 아날로그 A0 핀에 연결합니다. 추가로 각 조도센서의 VCC-〉5V와 GND-〉GND에 연결되어 있습니다.

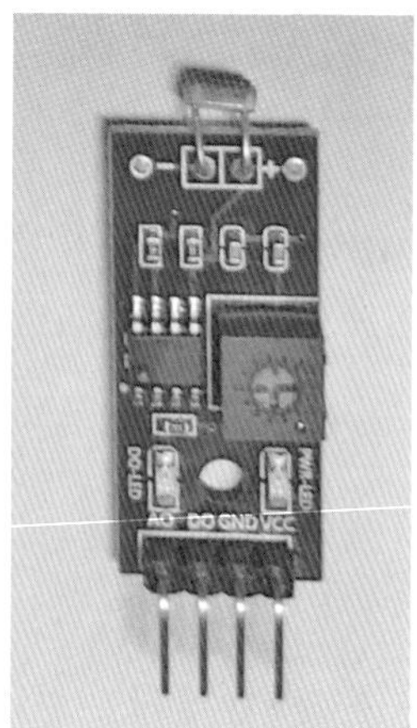

센서 및 장치		아두이노 연결 핀
조도센서(illumination)	아날로그 입력	아날로그 0번 핀

2) 순서도

이번 장의 창의설계 코딩 키트 예제의 동작은 아래와 같습니다.

주위가 밝을 때는 전진, 주위가 어두울 때는 정지

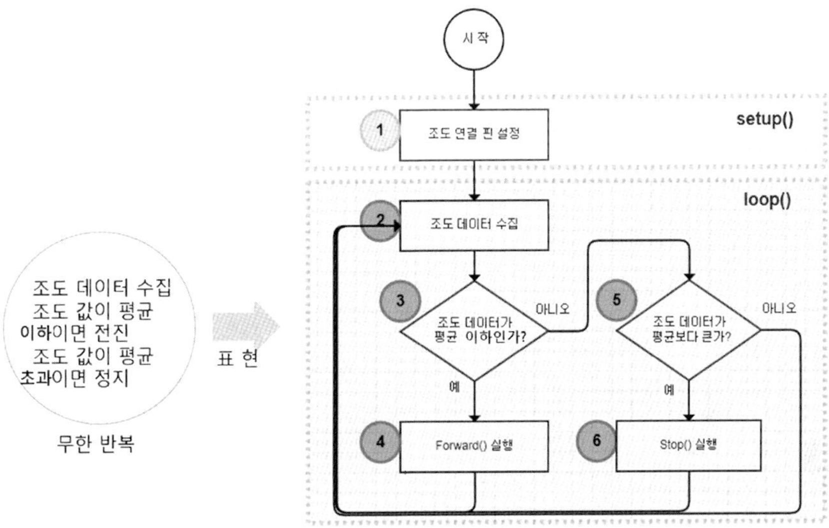

위와 같은 순서도로 구성됩니다. 각각의 단계 별로 내용은 다음에 나오는 표와 같이 코드화 됩니다. 각각의 변화된 코드는 실제 코딩 할 때 사용됩니다.

순서도	내용	해당 코드
1 조도 연결 핀 설정	1번 과정에서는 조도 센서를 설정합니다.	②
2 조도 데이터 수집	조도 데이터를 받습니다.	③

3 조도 데이터가 평균 이하인가?	낮을 판단합니다. Threshold 값보다 작은 값이 들어옵니다.	④
4 Forward() 실행	창의설계 코딩 키트를 전진 시킵니다.	
5 조도 데이터가 평균보다 큰가?	밤을 판단합니다. Threshold 값보다 큰 값이 들어옵니다.	⑤
6 Stop() 실행	창의설계 코딩 키트를 정지시킵니다.	

3) 스케치로 창의설계 코딩 키트 코딩하기

①

```
#define ilumPin A0          // 조도센서 제어핀 번호
#define threshold 300       // 조도센서 기준값
#define pinDIR1 13          // 오른쪽 모터 회전 방향 제어핀 번호
#define pinPWM1 11          // 오른쪽 모터 회전 속도 제어핀 번호
#define pinDIR2 12          // 왼쪽 모터 회전 방향 제어핀 번호
#define pinPWM2 10          // 왼쪽 모터 회전 속도 제어핀 번호
int Speed = 200;            // 속도 설정
```

②

```
void setup()
{
   pinMode( pinDIR1, OUTPUT );
   pinMode( pinPWM1, OUTPUT );
   pinMode( pinDIR2, OUTPUT );
   pinMode( pinPWM2, OUTPUT );
   Serial.begin(9600);   // 시리얼 모니터 시작
}
```

```
void loop()
{
  int temp = analogRead( ilumPin );    // 조도 센서값 읽음          ③

  if( temp < threshold )
  {
    Serial.print( "day : " );
    Serial.println(temp);                                        ④
    Forward( Speed );
  }
  else
  {
    Serial.print( "night : " );
    Serial.println(temp);                                        ⑤
    Stop( );
  }

}
```

① 조도 센서가 연결된 핀 번호와 모터를 제어하기 위한 각각의 모터 회전방향과 속도를 제어하는 핀 번호에 대한 상수 값, 조도 센서로부터 읽어 들인 값과 비교하여 낮과 밤을 판단하기 위한 임계치, 모터 속도 값을 위한 변수 값 등을 정의 합니다.

② pinMode()함수를 사용하여 좌우 모터의 방향 설정 핀과 속도 설정 핀을 출력용(OUTPUT) 핀 속성으로 설정하게 되며 조도 센서가 연결된 A0핀은 입력으로 사용되며, 이때 입력으로 사용될 때는 속성 설정을 생략할 수 있습니다.

③ A0핀에 연결된 조도 데이터를 읽어 temp 변수에 저장합니다.

④ threshold값보다 조도 값이 작을 경우 밝은 상태입니다. 데이터 값을 시리얼 모니터로 출력해주고 전진을 합니다.

⑤ threshold값보다 조도 값이 클 경우 어두운 상태입니다. 데이터 값을 시리얼 모니터로 출력해주고 정지를 합니다.

⑥ Forward(), Stop()함수 정의는 4장을 참조하여 loop() 함수 뒤에 추가하기 바랍니다.

4) 스케치에서 프로그램 업로드 하고 동작 확인하기

① 빛이 있을 경우 전진합니까? (O , X)

② 손으로 조도 센서를 가렸을 경우 멈춥니까? (O , X)

창의설계

조도 센서를에 가렸을 때 13번 핀에 연결된 파랑색 LED가 켜지는 창의설계 코딩키트의 코드를 작성해 봅시다.

알아두기

※ 컴파일러

특정 프로그래밍 언어로 쓰여 있는 코드를 기계에서 쓰는 언어로 번역해주는 프로그램을 말합니다.

CHAPTER

11

장애물을 피하는 창의설계 코딩 키트 만들기

교육 목표

창의설계 코딩 키트에 초음파 센서를 연결하여 장애물을 감지하고 반응하는 방법을 배웁니다.

주요 키워드

모터 제어, 장애물 감지, 거리 측정, 초음파 센서 제어

CHAPTER

11 장애물을 피하는 창의설계 코딩 키트 만들기

1 창의설계 코딩 키트로 배우는 창의설계 시작하기

이번 장의 테마는 장애물을 피하는 창의설계 코딩 키트 만들기입니다. 지금까지 다양한 센서를 이용하여 그에 따른 동작을 살펴보았습니다. 이번에는 장애물을 피하는 것입니다. 장애물을 피하는 것은 모터를 이용하여 창의설계 코딩 키트를 이동시키면 됩니다. 그렇다면 장애물의 유무는 어떻게 확인할까요? 여기에서는 초음파 센서를 이용합니다. 초음파 센서는 초음파를 내보내고 받을 수 있는 센서입니다.

먼저 초음파 센서로부터 거리를 감지하는 과정을 살펴 본 후에, 전체 과정을 모아서 직접 창의설계 코딩 키트를 제어하여 움직이는 순서로 코딩 실습을 진행합니다. 코딩 실습은 먼저 순서도로 작업할 내용의 흐름을 간단히 파악한 후에 각 부분의 코드를 자세히 살펴보기로 합니다.

2 초음파를 이용한 장애물 감지를 위한 코딩 명령 익히기

1) 초음파 센서 제어 코드

초음파(Ultra-Sonic)란 사람의 귀로 들을 수 없는 높은 주파수(20KHz 이상)의 음을 말하고, 초음파 센서란 그 초음파를 발생하고 수신할 수 있는 센서를 말합니다. 초음파 센서는 초음파를 발사하여 물체에 부딪혀 되돌아오는 시간을 측정하여 물체까지의 거리를 측정할 수 있습니다.

초음파 센서는 초음파를 발생시키는 부분과 반사된 초음파를 수신하는 부분으로 구성됩니다.

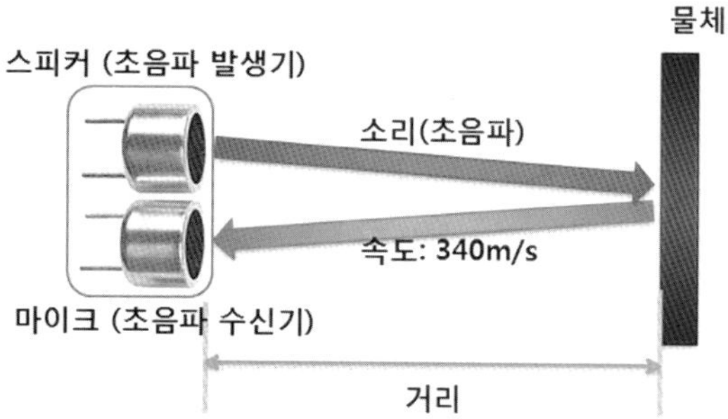

2) 초음파 센서를 이용한 거리 측정

창의설계 코딩 키트가 전방의 물체와의 거리를 측정하기 위해서는 초음파가 물체에 부딪혀 돌아오는 시간을 아래의 수식으로 계산하면 됩니다. 수식이 어려우신 분들을 가볍게 넘겨도 괜찮습니다.

$$t = \frac{2 \times L[\text{물체와의 거리(m)}]}{Vs[\text{음속(m/s)}]}$$

t: 신호가 되돌아 올 때까지 걸리는 시간(s)

앞에서 살펴본 바와 같이 거리를 측정하기 위해서는 위에서 설명한 동작을 참조하여 getDistance() 함수를 만들어 사용합니다.

3 초음파 센서로 거리 측정하기

1) 동작 준비하기

초음파 발생기(Trig)는 디지털 7번핀에 초음파 수신기(Echo)는 디지털 8번핀에 연결되어 있습니다. 초음파센서는 추가로 VCC-〉5V와 GND-〉GND가 연결되어 있습니다.

센서 및 장치		아두이노 연결 핀
초음파 출력(Ultra trig)	디지털 출력	디지털7번 핀
초음파 입력(Ultra echo)	디지털 입력	디지털 8번 핀

2) 순서도

이번 창의설계 코딩 키트 예제의 동작은 아래와 같습니다.

전방의 물체와의 1m 이내이면 거리를 화면에 출력하기

위와 같은 동작을 하기 위해서 창의설계 코딩 키트가 동작하는 과정을 생각해봅시다. 기본적인 생각을 정리한 것이 아래의 왼쪽 그림과 같습니다. 이 그림을 앞서 배운 순서도로 나타내면 아래의 오른쪽 그림과 같게 됩니다.

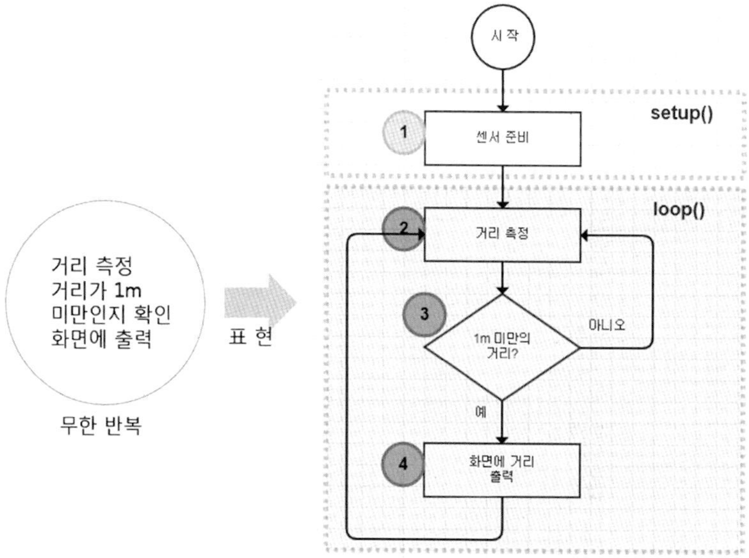

순서도	내용	해당 코드
1 센서 준비	1번 과정에서는 사용하는 센서에 대한 설정을 합니다.	②
2 거리 측정	2번 과정에서는 물체와의 거리를 측정합니다.	③
3 1m 미만의 거리?	3번 과정에서는 측정한 거리가 1m 미만인지 확인합니다.	④
4 화면에 거리 출력	4번 과정에서는 거리가 1m 미만일 때에 화면에 거리를 출력합니다.	

3) 스케치로 창의설계 코딩 키트 코딩하기

```
#define trigPin 7       // 초음파 발생기 제어핀 번호
#define echoPin 8       // 초음파 수신기 제어핀 번          ①

void setup()
{
  pinMode( trigPin, OUTPUT );
  pinMode( echoPin, INPUT );                              ②
  Serial.begin(9600);
}

void loop()
{
  int dist = GetDistance( );     // 거리 측정              ③

  if( dist < 100 )
  {
    Serial.print( "Distance : " );
    Serial.print(dist);                                   ④
    Serial.println( " cm" );
  }

  delay(100);                                             ⑤
}
```

① 초음파 센서 모듈의 초음파 발생기, 초음파 수신기가 연결된 핀 번호를 정의합니다.

② pinMode()함수를 사용하여 초음파 발생기 연결된 7번핀을 출력 속성으로 설정하고 초음파 수신기가 연결된 8핀은 입력으로 사용되며, 이때 핀 속성이 입력으로 사용될 때는 속성을 생략할 수 있습니다.

③ 초음파 센서를 이용해 거리를 측정하는 함수인 GetDistance()를 이용에 받은 물체까지 거리를 dist 변수에 저장합니다.

④ if()는 괄호{ }안의 내용이 참일 때 실행됩니다. 즉, dist 변수에 저장된 물체와의 거리가 100cm(=1m)보다 작을 때에 { }안의 내용을 실행하여 시리얼 모니터에 거리를 표시합니다.

⑤ 0.1초 간격으로 거리를 읽게 시간 지연을 합니다.

물체와의 거리를 측정하는 함수입니다. 초음파 센서에서 초음파가 물체에 부딪혀 돌아오는 시간을 음속으로 계산하여 거리를 측정합니다.

```
int GetDistance( )
{

    digitalWrite( trigPin, LOW );     // LOW 상태 초음파 펄스 발생
    delayMicroseconds(2);             // 2 마이크로 초 유지
    digitalWrite( trigPin, HIGH );    // HIGH 상태 초음파 펄스 발생        ⑥
    delayMicroseconds(10);            // 10 마이크로 초 유지
    digitalWrite( trigPin, LOW);      // LOW 상태 초음파 펄스 발생

    int duration = pulseIn( echoPin, HIGH );                              ⑦
    int distance = (duration/2) / 29.1;                                   ⑧
    return distance;                                                      ⑨

}
```

⑥ 2 마이크로 초 동안 LOW 상태 유지 후 10 마이크로 초 동안 HIGH 상태 유지 그 후에 LOW를 유지하는 초음파를 발생시키는 코드이다.

⑦ 초음파 수신기에 연결된 초음파 echo 핀은 최초에 LOW를 유지한 후 HIGH 상태를 수신하게 되면 최초 pulseIn() 함수를 실행한 후부터 HIGH 상태를 수신

한 시간을 마이크로 초 기준으로 반환해서 알려줍니다. 즉 초음파의 HIGH 상태 신호가 물체에 맞고 되돌아 오는 시간을 알려주게 됩니다. 이 값을 duration 변수에 저장합니다.

⑧ duration 변수에 저장된 시간은 초음파가 왕복한 시간이 저장된 것이므로 실제 초음파가 물체까지의 가는데 걸린 시간은 저장된 값의 1/2이 되게 됩니다. 초음파는 1초에 약 340미터를 이동하므로 이를 이용하여 물체까지 거리를 구하여 distance변수에 저장합니다.

⑨ 물체까지의 거리를 GetDistance() 함수를 호출한 곳으로 되돌려 줍니다.

4) 스케치에서 프로그램 업로드하고 동작 확인하기

① 창의설계 코딩 키트와 물체와의 거리가 1m 이상일 때에도
거리가 시리얼 모니터에 출력됩니까? (O , X)

② 거리가 1m 미만일 때 시리얼 모니터에 거리가 출력됩니까? (O , X)

③ 거리가 가까울 때 0.1초 간격으로 화면에 거리가 출력됩니까? (O , X)

4 물체가 가까이 접근할수록 더 밝게 빛나는 LED 만들기

1) 동작 준비하기

초음파 발생기(Trig)는 디지털 7번핀에 초음파 수신기(Echo)는 디지털 8번핀에 연결되어 있습니다. 초음파센서는 추가로 VCC->5V와 GND->GND가 연결되어 있습니다.

센서 및 장치		아두이노 연결 핀
초음파 출력(Ultra trig)	디지털 출력	디지털7번 핀
초음파 입력(Ultra echo)	디지털 입력	디지털 8번 핀

2) 순서도

이번 절의 창의설계 코딩 키트 예제의 동작은 아래와 같습니다.

물체가 가까이 접근할수록 더 밝게 빛나는 LED

위와 같은 동작을 하기 위해서 창의설계 코딩 키트가 동작하는 과정을 생각해봅시다. 순서도로 나타내면 다음의 그림과 같게 됩니다.

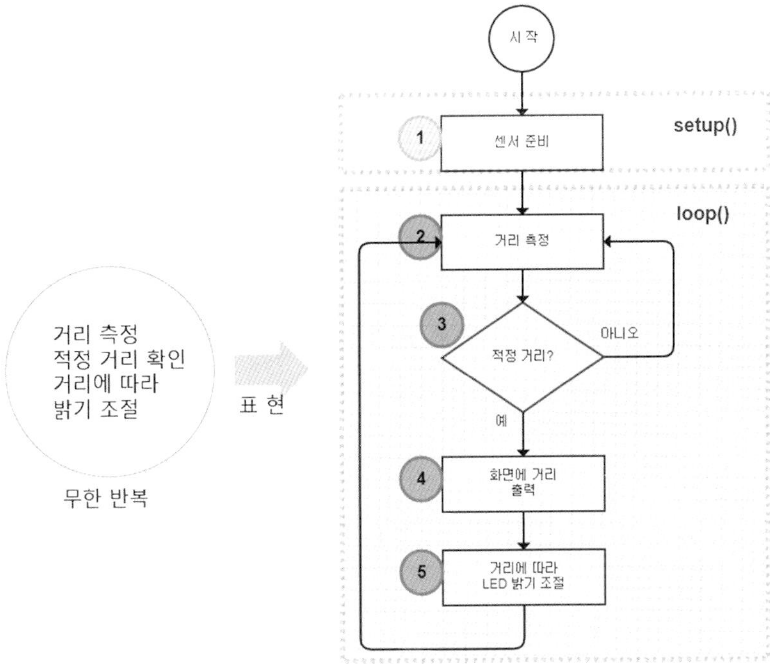

앞서 만든 순서도는 아래 표와 같이 코드화됩니다. 각각의 변환된 코드는 코딩 시 실제 사용됩니다.

순서도	내용	해당 코드
1 센서 준비	1번 과정에서는 사용하는 센서에 관한 설정을 합니다.	②
2 거리 측정	2번 과정에서는 물체와의 거리를 측정합니다.	③
3 적정 거리?	3번 과정에서는 물체와의 거리가 적정한지 확인합니다. (3cm~40cm)	④
4 화면에 거리 출력	4번 과정에서는 물체와의 거리가 적정(3cm~40cm)하면 화면에 출력합니다.	⑤
5 거리에 따라 LED 밝기 조절	5번 과정에서는 물체와의 거리에 따라 LED 밝기를 조절합니다.	⑥

3) 스케치로 창의설계 코딩 키트 코딩 하기

① 초음파 센서 모듈의 초음파 발생기, 초음파 수신기가 연결된 핀 번호, 사용할 초록색 Led 연결 핀 번호를 정의합니다.

② 사용할 각종 핀에 대한 입출력 설정을 하는 부분으로 이전에 설명을 참조바랍니다.

③ 초음파 센서를 이용해 거리를 측정하는 함수인 GetDistance()를 이용에 받은 물체까지 거리를 dist 변수에 저장합니다.

④ if()는 괄호{ }안의 내용이 참일 때 실행됩니다. 즉, dist 변수에 저장된 물체와의 거리가 3cm보다 멀고, 40cm보다는 가까우면 { }안의 내용을 실행합니다.

⑤ 조건이 참일 때 시리얼 모니터에 물체와의 거리를 표시합니다.

⑥ map()이라는 함수는 아래의 방식으로 사용합니다.

밝기 = map(거리, 최소거리, 최대거리, 최대수치, 최소수치);

map()이라는 함수는 최소거리 ~ 최대거리 사이의 거리를 255 ~ 0 사이의 해당되는 밝기로 바꾸어 줍니다. 즉, 거리가 가장 가까운 3cm인 경우엔 밝기를 가장 밝은 255값으로 변환합니다. 반대로, 가정 먼 40cm인 경우는 밝기가 0으로 LED가 켜지지 않게 됩니다. analogWrite(LedPin, bright);는 map으로 구한 밝기 값을 6핀에 연결된 초록색 Led 밝기를 조절하는데 사용됩니다.

⑦ 물체와의 거리가 3 ~ 40cm가 아니면 LED의 불을 소등합니다.

⑧ delay(100)를 이용하여 0.1초마다 loop()안의 내용을 반복합니다.

⑨ **위 3절에서 정의한 GetDistance() 함수를 loop() 함수 다음에 추가합니다. 이 함수에 대한 자세한 설명은 위 3절 설명을 참조바랍니다.**

```
#define trigPin 7 // 초음파 발생기 제어핀 번호
#define echoPin 8 // 초음파 수신기 제어핀 번호                 ①
#define LedPin 6 // 초록색 Led 제어핀 번호

void setup()
{
  pinMode( trigPin, OUTPUT );
  pinMode( echoPin, INPUT );                                 ②
  pinMode( LedPin, OUTPUT );
  Serial.begin(9600);
}

void loop()
{
  int dist = GetDistance( );    // 거리 측정                   ③

  if( (dist > 3 ) && (dist < 40) )                           ④
  {

    Serial.print( "Distance : " );
    Serial.print(dist);                                      ⑤
    Serial.println( " cm" );

    int bright = map(dist, 3, 40, 255, 0);                   ⑥
    analogWrite( LedPin, bright );

  }
  else
  {
    analogWrite(LedPin, 0);                                  ⑦
  }
  delay(100);                                                ⑧
}
```

4) 스케치에서 프로그램 업로드하고 동작 확인하기

창의설계 코딩 키트의 초음파 센서 예제를 창의설계 코딩 키트에 업로드합니다.

① 물체와의 거리에 따라 LED의 밝기가 변합니까? (O , X)

② 물체와의 거리가 거의 0cm가까울 때 LED의 불이 꺼집니까? (O , X)

5 장애물을 비켜가며 달리는 창의설계 코딩하기

1) 순서도

이번 절의 창의설계 코딩 키트 예제의 동작은 아래와 같습니다.

장애물을 비켜가며 달리는 창의설계 코딩 키트

순서도로 나타내면 아래의 오른쪽 그림과 같게 됩니다.

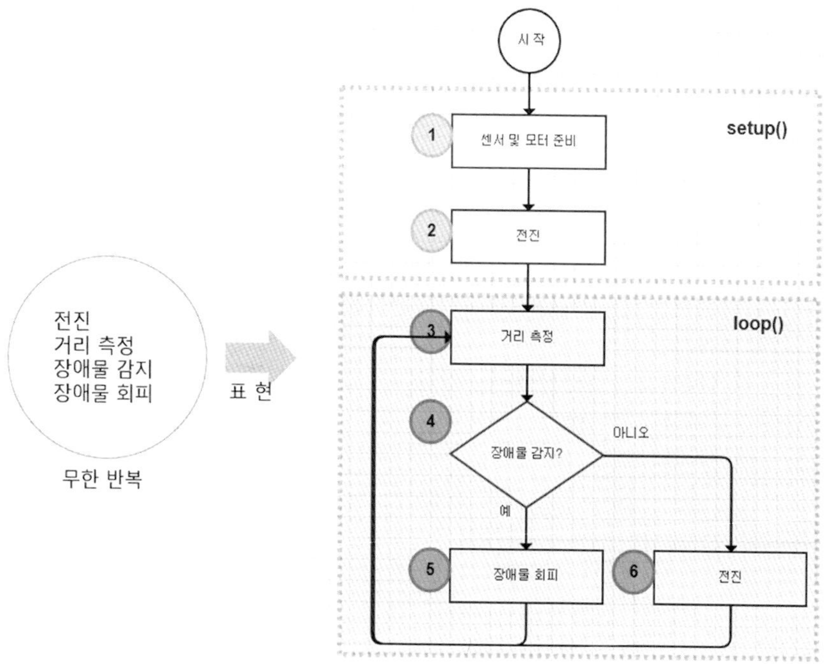

앞서 만든 순서도는 아래 표와 같이 코드화 됩니다. 각각의 변환된 코드는 코딩 시 실제 사용됩니다.

순서도	내용	해당 코드
1 센서 및 모터 준비	1번 과정에서는 사용하는 센서와 모터에 관한 설정을 합니다.	②
2 전진	2번 과정에서는 창의설계 코딩 키트를 전진하게 합니다.	
3 거리 측정	3번 과정에서는 물체와의 거리를 측정합니다.	③
4 장애물 감지?	4번 과정에서는 전방에 장애물이 있는지 확인합니다.	④, ⑤, ⑥
5 장애물 회피	5번 과정에서는 장애물이 있는 경우에 창의설계 코딩 키트를 회피하게 합니다.	
6 전진	6번 과정에서는 장애물을 회피 후 다시 전진하게 합니다.	

3) 스케치로 창의설계 코딩 키트 코딩하기

①, ② 부분에 대한 설명은 이전 절을 참조 바랍니다.

```
#define trigPin 8          // 초음파 발생기 제어핀 번호
#define echoPin  7         // 초음파 수신기 제어핀 번호
#define pinDIR1 13         // 오른쪽(1번) 모터 회전 방향 제어핀 번호
#define pinPWM1 11         // 오른쪽(1번) 모터 회전 속도 제어핀 번호
#define pinDIR2 12         // 왼쪽(2번) 모터 회전 방향 제어핀 번호
#define pinPWM2 10         // 왼쪽(2번) 모터 회전 속도 제어핀 번호
int Speed = 200;           // 속도 설정
```

①

```
void setup()
{
   pinMode( trigPin, OUTPUT );
   pinMode( echoPin, INPUT );
   pinMode( pinDIR1, OUTPUT );
   pinMode( pinPWM1, OUTPUT );                    ②
   pinMode( pinDIR2, OUTPUT );
   pinMode( pinPWM2, OUTPUT );
   Forward(Speed);
}

void loop()
{
   int dist = GetDistance( );    // 거리 측정          ③

   if( (dist > 0 ) && (dist < 10) )
      motoravoid(Speed);                          ④

   delay(20);                                     ⑤
}
```

③ 초음파 센서를 이용해 거리를 측정하는 함수인 GetDistance()를 이용에 받은 물체까지 거리를 dist 변수에 저장합니다.

④ if()는 괄호{ }안의 내용이 참일 때 실행됩니다. 즉, dist 변수에 저장된 물체와의 거리가 0cm보다 멀고, 10cm보다는 가까우면 motorvoid()함수를 호출하여 물체를 회피합니다.

⑤ delay(100)를 이용하여 0.1초마다 loop()안의 내용을 반복합니다.

⑥ 전방의 물체를 회피하는 함수입니다. 회피하는 순서는 0.5초동안 뒤로 후진한 후에 0.5초동안 왼쪽으로 회전합니다. 이 순서로 물체를 회피한 후 Forward함수를 이용하여 다시 전진하게 됩니다.

⑦ Forward(), Backward(), Left(), Stop(), getDistance() 함수 정의는 이전 장을 참조하여 loop() 함수 뒤에 추가하기 바랍니다.

```
void motoravoid( int motorSpeed )
{
   Backward(motorSpeed);
   delay(500);
   Left(motorSpeed);
   delay(500);
   Forward(motorSpeed);
}
```

⑦

4) 스케치에서 프로그램 업로드하고 동작 확인하기

① 프로그램 업로드 후에 창의설계 코딩 키트가 자동으로 전진합니까? (O , X)

② 장애물이 10cm 내에 있으면 장애물을 피합니까? (O , X)

③ 장애물 회피 후에 창의설계 코딩 키트가 다시 전진합니까? (O , X)

창의설계

① 주행 중에 장애물을 만나면 오른쪽으로 회피하도록 코드로 작성해 봅시다.

② 장애물 회피를 응용하여 미로를 탈출하도록 코드로 작성해 봅시다.

알아두기

※ 초음파 센서

초음파는 귀에 들리지 않을 정도의 높은 주파수를 말합니다. 초음파 센서는 초음파를 내보내고 받아들여 거리를 측정하거나 사물을 감지할 수 있습니다.

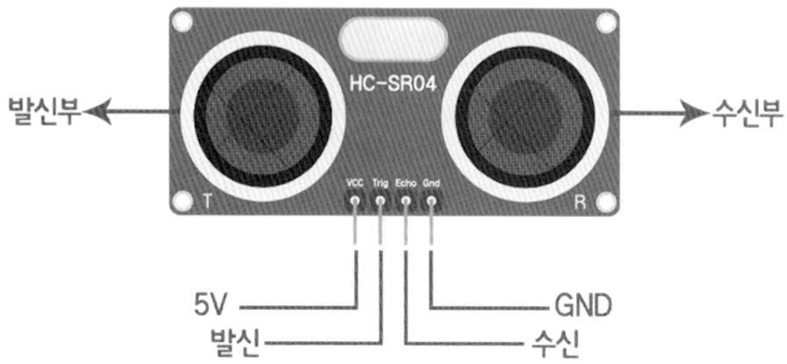

CHAPTER

12

스마트폰으로 창의설계 코딩 키트 조종하기

교육 목표

사용자가 스마트폰 앱으로 창의설계 코딩 키트를 무선 조종하는 방법을 먼저 배운 다음, 스마트폰에서 보내오는 조종 정보를 받아 해당 운전 방법으로 동작하게 만드는 스케치 코딩 방법을 배웁니다.

주요 키워드

스마트폰 앱, 블루투스 통신, 프로토콜

CHAPTER 12

스마트폰으로 창의설계 코딩 키트 조종하기

1 블루투스 통신으로 조종하는 스마트폰 앱 소개

이번 장에서는 스마트폰 앱으로 창의설계 코딩 키트를 조종하는 코딩 실습을 진행합니다. 먼저 사용자가 스마트폰으로 전진이나 후진 등을 조작하면 블루투스 통신으로 데이터를 전송하는 스마트폰 앱을 살펴 본 후에, 스마트폰에서 보내오는 데이터를 받아 창의설계 코딩 키트를 제어하여 명령대로 움직이게 만드는 코딩 실습을 진행합니다. 코딩 실습은 먼저 순서도로 작업할 내용의 흐름을 간단히 파악한 후에 각 부분의 코드를 자세히 살펴보기로 합니다.

2 "아두이노 블루투스 컨트롤러" 앱 소개

스마트폰으로 창의설계 코딩 키트를 제어하기 위해서는 먼저 아두이노 블루투스 컨트롤러 앱을 설치하여야 합니다. 구글 스토어나 애플 앱스토어에서 다양한 앱을 설치할 수 있습니다. 기호에 따라 원하는 앱을 다운로드하여 사용하거나 본인이 직접 개발하여 사용하여도 됩니다.

1) 아두이노 블루투스 컨트롤러 앱 설치하기

아두이노 블루투스 컨트롤러 앱은 아래와 같이 구글 스토어나 애플 앱스토어에서 다양한 종류의 앱을 발견할 수 있습니다. 왼쪽 그림이 구글스토어, 오른쪽 그림이 애플 앱 스토어에서 "Arduino Bluetooth"로 검색한 내용입니다.

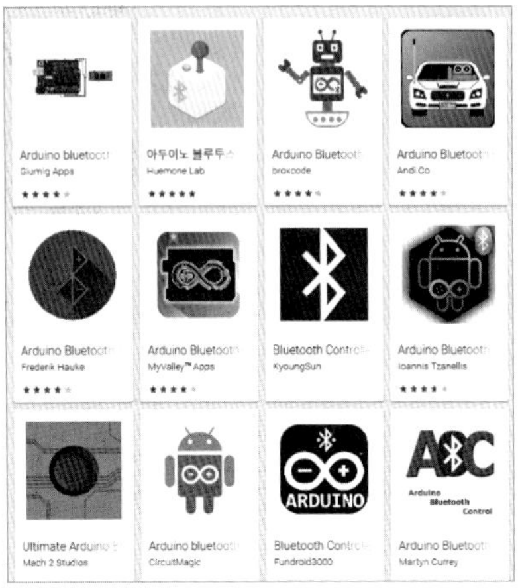

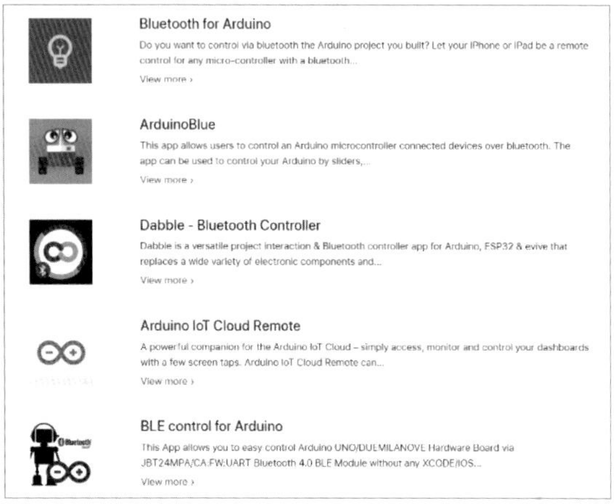

아래의 "Arduino Bluetooth controller" 앱은 안드로이드용으로 구글스토어에서 다운받아 설치한 것으로 스마트폰의 블루투스와 창의설계 코딩 키트에 연결한 블루투스 모듈이 서로 연결되어 미리 정의된 프로토콜을 사용하여 창의설계 코딩 키트를 제어하게 됩니다.

2) 창의설계 코딩 키트 앱으로 조종하기

(1) 블루투스 장치 연결 하기

① 새로운 블루투스 장치 찾고 연결하기

스마트폰으로 창의설계 코딩 키트를 제어하기 위해서는 먼저 스마트폰에 창의설계 코딩 키트의 블루투스 장치가 등록되어야 합니다. 블루투스 메뉴에서 검색을 클릭합니다. 이 때, 창의설계 코딩 키트의 전원이 들어와 있어야 합니다.

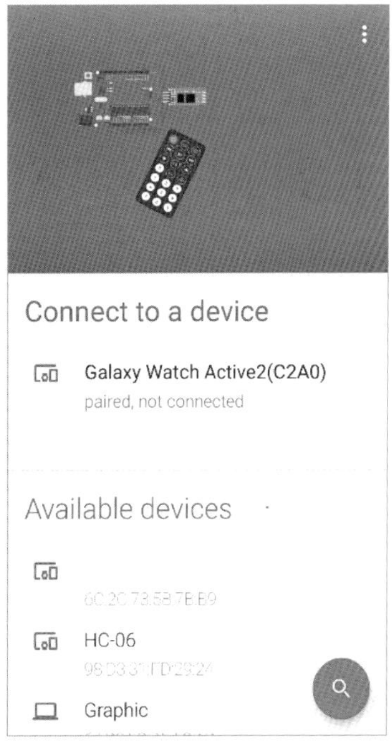

다음과 같이 "검색중…"이라는 메시지가 보 이면서 연결 가능한 주변의 블루투스 장치를 찾 습니다. 창의설계 코딩 키트의 블루투스 모듈에 이상이 없이 정상적으로 검색이 된다면 다음과 같이 사용할 수 있는 기기 리스트에 HC-06이라는 이름으로 검색이 됩니다. 이 항목을 터치해 선택합니다.

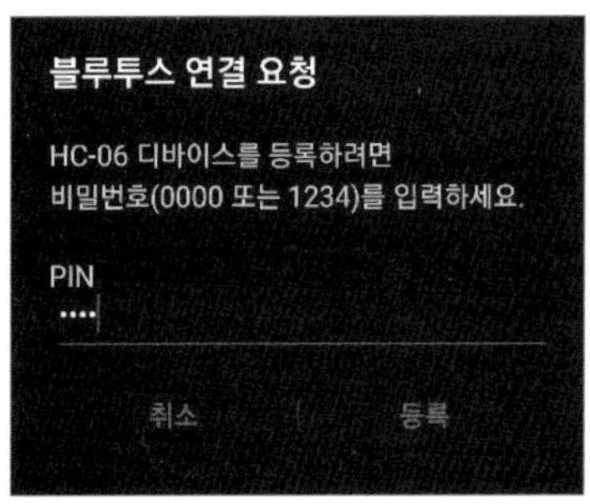

다음과 같이 블루투스 등록 암호를 묻는 화면에서 기본 암호인 "1234"를 입력하고 [등록] 버튼을 누릅니다.

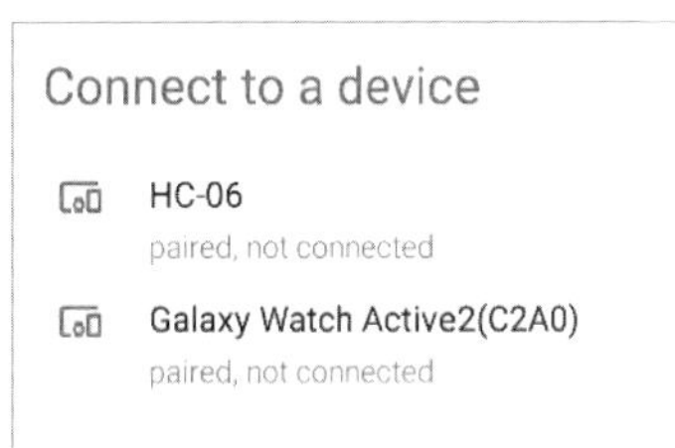

이로서 새로운 창의설계 코딩 키트의 블루투스 장치가 스마트폰에 다음과 같이 연결되고 등록되었습니다. 새로 등록된 장치가 맨 위에 보이게 됩니다.

(2) 운전 모드 선택

① 동작 모드 선택

일단 블루투스 연결이 완료되면 동작 모드를 선택하는 화면이 표시됩니다. 여기서 "Controller mode"를 선택 합니다. 물론 다른 모드를 사용해도 되지만 여기서는 Controller mode를 사용하겠습니다.

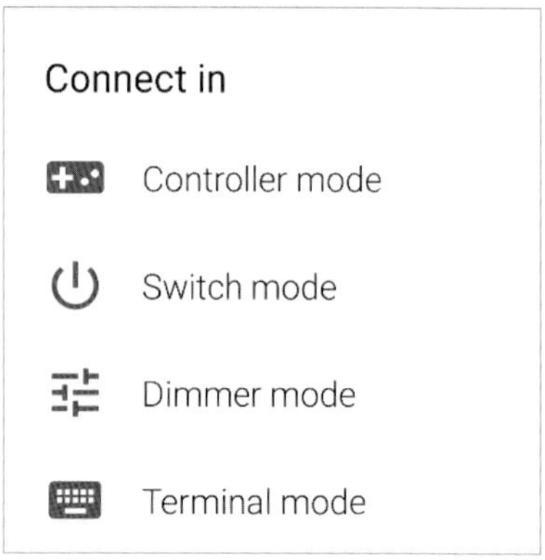

② 제어 모드 화면 구성

Controller mode를 선택하면 다음과 같은 화면으로 이동합니다. Controller mode화면에서 각종 버튼을 이용하여 창의설계 코딩 키트를 제어하게 됩니다.

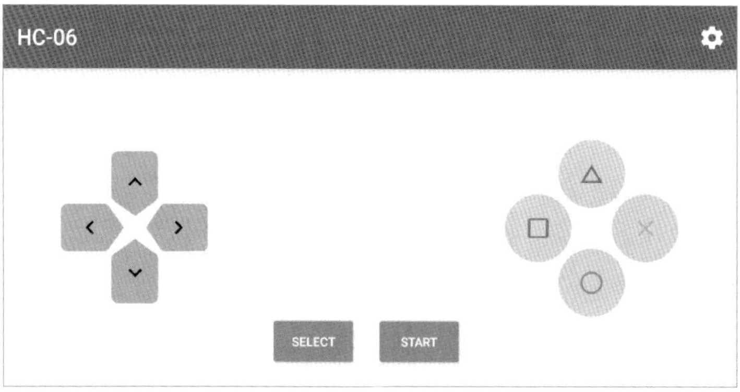

제어모드에서는 위에 표시된 이미지와 같이 전진/ 후진/좌회전/우회전 화살표로 표시된 4 방향의 운전 버튼 을 눌러서 창의설계 코딩 키트를 이동시킬 수 있습니다. 한편 □ 버튼은 경고음 버튼으로 × 버튼은 정지 버튼으로 사용합니다.

버튼을 이용하여 창의설계 코딩 키트를 제어하려면 버튼을 눌렀을 때 키트로 전달될 제어코드를 먼저 설정해야 합니다. 이를 위하여 우측상단의 버튼을 누르면 각각의 버튼에 할당될 제어코드를 정의할 수 있습니다.

버튼 우측에 정의된 문자가 해당버튼을 눌렀을 때 블루투스 통신을 통해서 창의설계 코딩 키트로 전달될 명령코드입니다.

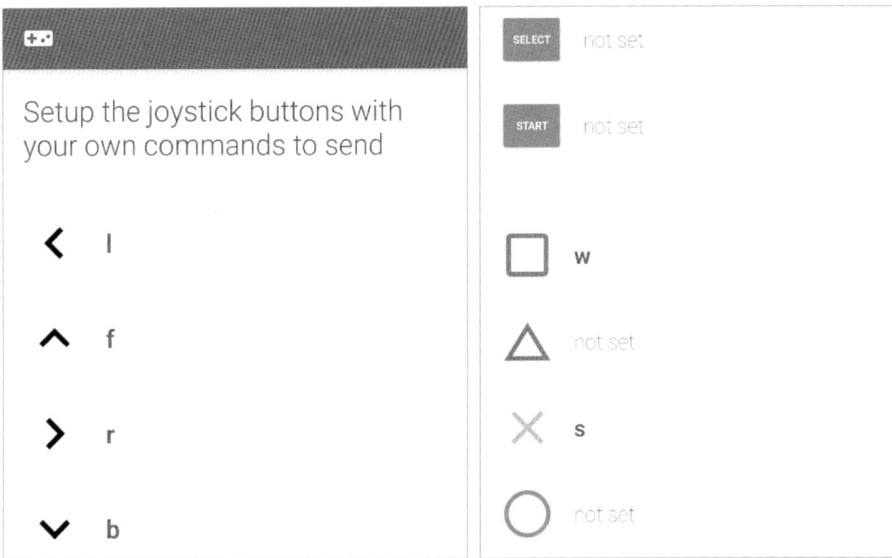

3 스마트폰의 조종 데이터를 받아 움직이는 창의설계 코딩하기

1) 동작 준비하기

다음의 연결도를 참고하여 먼저 창의설계 코딩 키트의 블루투스 모듈 Tx 핀을 A4과 블루투스 모듈 Rx 핀을 A5에 연결하여 코딩을 먼저 합니다. 이는 시리얼 모니터를 통해서 블루투스 통신이 제대로 수행되는지 확인하고자 하는 것입니다. 코딩이 성공적으로 이루어지면 A4-> 디지털 0번, A5-> 디지털 1번으로 변경할 것입니다.

블루투스 모듈과 아두이노 우노 보드의 Tx 와 Rx는 서로 크로스로 연결되어야 합니다. 즉 블루투스 Tx와 아두이노 우노 보드의 Rx가 연결되고 블루투스 Rx와 아두이노 우노 보드의 Tx가 연결되게 됩니다.

추가로 각 블루투스 모듈의 VCC-〉5V와 GND-〉GND에 연결되어 있습니다.

센서 및 장치		아두이노 연결 핀
블루투스 송신(BlueTooth Tx)	아날로그 입력	A4(추후 디지털 0)
블루투스 수신(BlueTooth Rx)	아날로그 출력	A5(추후 디지털 1)

3) 스케치로 창의설계 코딩 키트 코딩 하기

① 먼저, 사용하는 기능의 코딩에 필요한 헤더 파일들을 포함하는 부분입니다. 여기서는 블루투스 통신 기능과 카메라 기능을 사용하기 위해서 다음과 같은 헤더 파일들을 포함합니다. 블루투스 통신을 위해 소프트웨어 시리얼 모드를 사용하기 위하여 SoftwareSerial.h를 포함합니다.

```
#include <SoftwareSerial.h>    // 블루투스 통신을 위해
```
①

② 다음은 사용하는 연결 핀 번호들을 정의합니다. 다음은 스피커와 초음파 센서, 그리고 DC 모터와 관련된 핀 번호들과 코딩에서 사용하기 위해 정의한 값들입니다. 참고로 여기서는 창의설계 코딩 키트가 약간 천천히 가도록 하기 위해서 속도 값을 150으로 설정하였습니다.

```
#define speakerPin 4    // 스피커 연결 핀 번호
#define pinDIR1 13      // 오른쪽(1번) 모터 회전 방향 제어핀 번호
#define pinPWM1 11      // 오른쪽(1번) 모터 회전 속도 제어핀 번호
#define pinDIR2 12      // 왼쪽(2번) 모터 회전 방향 제어핀 번호
#define pinPWM2 10      // 왼쪽(2번) 모터 회전 속도 제어핀 번호
#define Speed = 150;    // 속도 설정
```
②

③ 다음은 블루투스 통신 모듈이 연결된 핀 번호를 설정하고 있습니다.

④ 또한, 블루투스 통신을 사용하려면 다음과 같이 SoftwareSerial 유형으로 송수신 핀 번호를 포함하여 선언하여야 합니다.

```
#define pinRx A4        // 블루투스 송신 연결 핀 번호
#define pinTx A5        // 블루투스 수신 연결 핀 번호
```
③

```
SoftwareSerial Bluetooth( pinRx, pinTx );   // 블루투스 객체 생성
```
④

이렇게 각종 핀 번호와 상수들을 선언하였으면 이제부터는 setup() 함수와 loop() 함수를 만들어보도록 합니다. 이전 장에서 비슷하게 설명한 부분은 생략하도록 하겠습니다.

```
void setup()
{
    pinMode( pinDIR1, OUTPUT );
    pinMode( pinPWM1, OUTPUT);
    pinMode( pinDIR2, OUTPUT );
    pinMode( pinPWM2, OUTPUT);

    pinMode( speakerPin , OUTPUT );

    Serial.begin( 9600 );                              ⑤
    Bluetooth.begin( 9600 );

    tone( speakerPin, 261 );  // 도 delay(250);
    tone( speakerPin, 264 );  // 레 delay(250);
    tone( speakerPin, 330 );  // 미 delay(250);
    noTone( speakerPin );
}
```

이전의 코드들과 다르게 한 가지 살펴볼 부분은 ⑤에서와 같이 앞에서 선언한 블루투스 통신 모듈을 실제로 초기화하는 부분입니다. 참고로, 우리가 앞에서 시리얼 모니터를 사용하여 print 구문으로 출력하는 값을 확인하는 예제에서 시리얼 통신 초기화 부분에 사용했던 "Serial.begin(9600);"이라는 코드와 동일한 방식입니다.

loop() 함수는 무한 반복되면서 블루투스 통신으로 수신된 명령코드를 판단 하여 창의설계 코딩 키트가 동작하도록 합니다. 즉 사용자가 스마트폰으로 누른 방향 버튼에 따라 조종이 되고 경고음버튼을 누르면 경고음을 발생하게 됩니다.

```
void loop()
{
    char rxdata;                        // 블루투수 수신 데이터 저장 변수

    if(Bluetooth.available())           // 블루투스 수신 데이터가 있나?          ⑥
    {
        rxdata = Bluetooth.read();  // 수신 데이터 읽기                         ⑦

        Serial.println(rxdata);         // 수신데이터 시리얼 모니터에 출력        ⑧

        switch(rxdata)                  // 명령 코드 판단
        {
            case 'f': Fwd(Speed); break;        // 전진
            case 'b': Bwd(Speed); break;        // 후진
            case 'l': Left(Speed); break;       // 좌회전                       ⑨
            case 'r': Right(Speed); break;      // 우회전
            case 's': Stop(); break;            // 정지
            case 'w': Warn(); break;            // 경고음
        }
    }
}
```

먼저 ⑥번에서 현재 수신된 데이터가 있는지를 확인합니다. 만약 수신된 데이터가 있으면 ⑦번에서 블루투스로부터 수신된 데이터를 읽어서 rxData변수에 저장합니다. ⑧블루투스를 통해서 전달된 명령코드를 확인하기 위하여 시리얼 모니터에 출력합니다. ⑨명령코드를 확인하여 해당 명령 수행부분으로 이동 하여 명령을 수행합니다.

```
void Fwd(int spd)
{
   digitalWrite(pinDIR1, LOW);        // 오른쪽모터는 시계방향 회전
   analogWrite( pinPWM1, spd );       //오른쪽모터  속도를  spd입력값으로 설정
   digitalWrite(pinDIR2, HIGH);       // 왼쪽모터 반시계방향 회전
   analogWrite(pinPWM2, spd );        // 왼쪽모터  속도를  spd입력값으로 설정
}

void Bwd(int spd)
{
   digitalWrite(pinDIR1, HIGH);       // 오른쪽모터는 반시계방향 회전
   analogWrite( pinPWM1, spd );       //오른쪽모터  속도를  spd입력값으로 설정
   digitalWrite(pinDIR2, LOW);        // 왼쪽모터 시계방향 회전
   analogWrite(pinPWM2, spd );        // 왼쪽모터  속도를  speed입력값으로 설정
}

void Left(int spd)
{
   digitalWrite(pinDIR1, LOW);        // 오른쪽모터는 시계방향 회전
   analogWrite( pinPWM1, spd );       //오른쪽모터  속도를  spd입력값으로 설정
   digitalWrite(pinDIR2, LOW);        // 왼쪽모터 시계방향 회전
   analogWrite(pinPWM2, spd );        // 왼쪽모터  속도를  spd입력값으로 설정
}

void Right(int spd)
{
   digitalWrite(pinDIR1, HIGH);       // 오른쪽모터는 반시계방향 회전
   analogWrite( pinPWM1, spd );       //오른쪽모터  속도를  spd입력값으로 설정
   digitalWrite(pinDIR2, HIGH);       // 왼쪽모터 반시계방향 회전
   analogWrite(pinPWM2, spd );        // 왼쪽모터  속도를  spd입력값으로 설정
}

void Stop()
{
   analogWrite( pinPWM1, 0 );         //오른쪽모터  속도를  speed입력값으로 설정
   analogWrite(pinPWM2, 0 );          // 왼쪽모터  속도를  speed입력값으로 설정
}
```

```
void Warn()
{
    tone( speakerPin, 330, 500 );        // 미 0.5초간 발생
}
```

동작이 잘되는 것이 확인되었으면, 블루투스 모듈을 케이블없이 직접 연결가능한 모터드라이브 보드상에 제공되는 커넥터에 연결도 가능합니다. 이때 블루투스 연결 핀은 A4-> 디지털 0번, A5가 1번핀으로 대체됩니다. 이 때는 시리얼 모니터 관련 코드는 사용할 수가 없습니다.

블루투스 모듈도 좌측 위치의 VCC와 GND 위치를 잘 맞추어 커넥터에 직접 장착하면 됩니다.

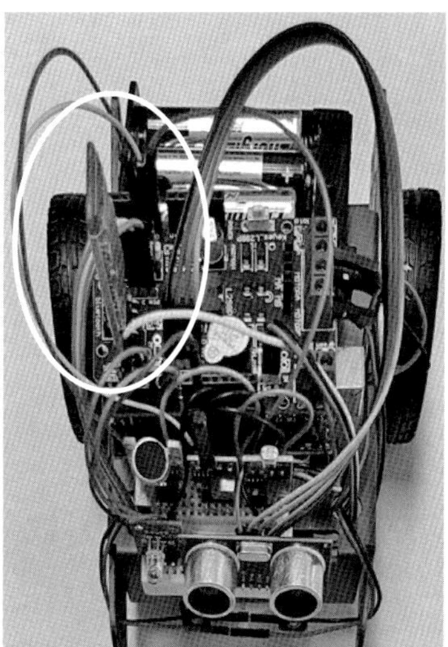

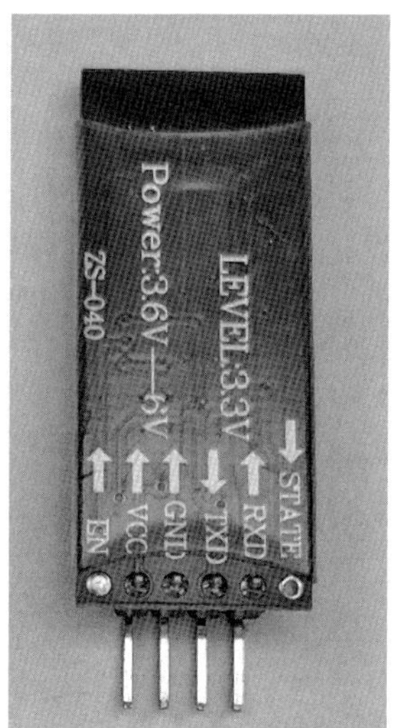

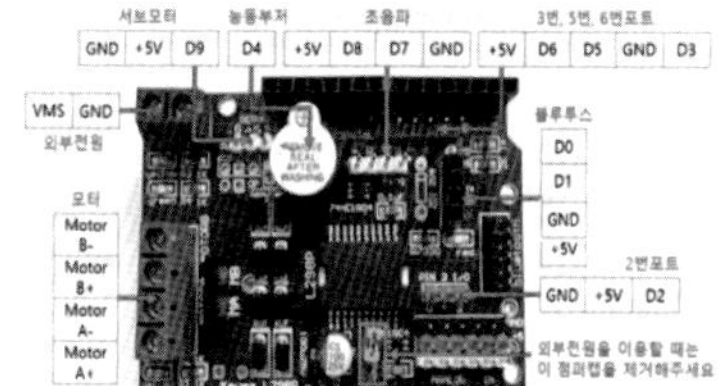

센서 및 장치		아두이노 연결 핀
블루투스 송신(BlueTooth Tx)	디지털 입력	디지털 0
블루투스 수신(BlueTooth Rx)	디지털 출력	디지털 1

⚠ 블루투스 모듈을 디지털 0과 1핀에 연결하면, 코딩이 끝난후 업로드 할 때 만약 블루투스 모듈이 연결되어 동작 중이라면 프로그램 업로드가 되지 않고 실패하게 됩니다 그러므로 프로그램 업로드 시는 블루투스 모듈을 제거 후에 업로드를 하고 업로드 후 블루투스 모듈을 다시 연결 바랍니다.

4) 스케치에서 프로그램 업로드 하고 동작 확인하기

실습 예제를 창의설계 코딩 키트에 업로드 한 후에 실행하고, 스마트폰에 설치한 창의설계 코딩 키트 앱과 연동하여 다음과 같은 동작이 코딩한대로 잘 되는지를 확인합니다.

① 스마트폰과 블루투스 통신 연결이 잘 됩니까? (O , X)

② 스마트폰에서 전진과 후진 버튼으로 조종이 잘 됩니까? (O , X)

③ 스마트폰에서 좌회전과 우회전 버튼으로 조종이 잘 됩니까? (O , X)

④ 스마트폰으로 경고음 동작이 잘됩니까? (O , X)

연습 문제

① 초음파 센서를 이용하여 주행시 장애물이 나타나면 정지하는 코드도 추가해 보세요

알아두기

※ 안드로이드(Android) 운영 체제

안드로이드는 리눅스 커널 위에서 동작하며, 다양한 안드로이드 시스템 구성 요소에서 사용되는 C/C++ 라이브러리들을 포함하고 있습니다. 2005년에 안드로이드 사를 구글에서 인수한 후 안드로이드의 모든 소스 코드를 오픈 소스로 배포하고 있어 기업이나 사용자는 각자 안드로이드 프로그램을 독자적으로 개발을 해서 탑재할 수 있습니다.

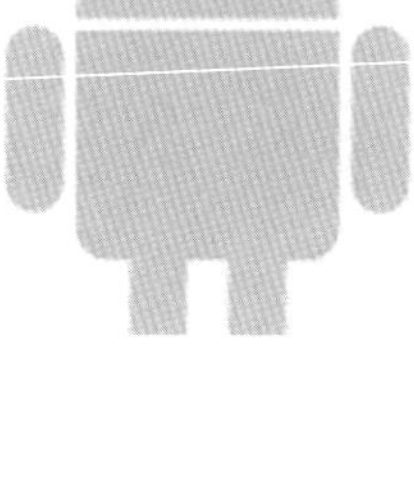

부록
응용 가능한 센서 모음

부록으로는 창의설계 코딩 키트에 추가로 연결하여 사용할 수 있는 다양한 기능의 센서들을 소개하고, 이들 센서로 응용 가능한 분야를 소개합니다.

응용 가능한 센서 모음

A-1. 인체감지 센서

인체감지 센서는 적외선을 이용하여 사람을 감지할 수 있는 것으로, CCTV 등에 자주 이용됩니다. 인체감지 센서를 이용하여 도서관처럼 사람 수를 세는 계수기를 만들 수도 있고, 창의설계 코딩 키트에 부착하여 사람이 움직일 때는 멈춰 있도록 만들 수 있습니다.

A-2. 토양 온습도 센서

토양 온습도 센서는 토양에 직접 닿아서 온도와 습도를 측정할 수 있는 센서입니다. 이 센서를 이용하여 화분의 온도와 습도에 따라 자동으로 물을 주는 장치를 만들 수 있습니다.

A-3. 알코올 센서

알코올 센서는 알코올을 감지할 수 있는 센서입니다. 이 센서를 이용하면 교통 경찰들이 사용하는 음주 측정기를 만들 수 있습니다. 또한, 창의설계 코딩 키트에 장착하여 알코올을 감지하면 비틀비틀 운전할 수도 있습니다.

A-4. RFID

RFID는 통신 장치의 일종으로서 안테나를 이용하여 무선으로 데이터를 송신하는 장치를 말합니다. 소형의 칩에 상품 정보 등을 저장할 수 있고, 대표적으로 교통카드에 사용됩니다. RFID는 장치마다 고유의 ID를 가지고 있기 때문에 이것을 이용하여 자신만 사용할 수 있는 창의설계 코딩 키트를 만들 수 있습니다.

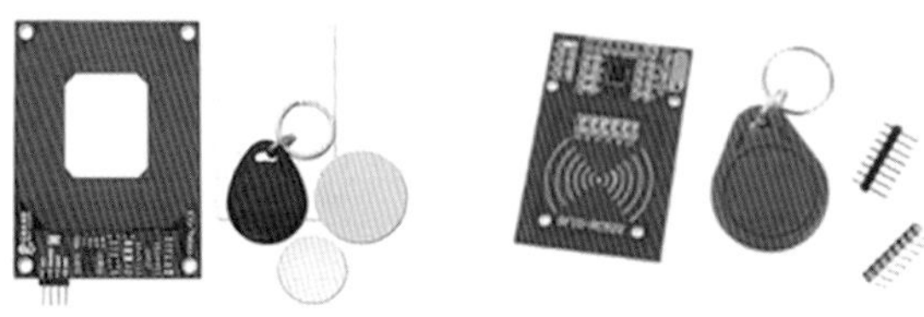

A-5. 컬러 인식 센서

컬러 센서는 컬러를 인식할 수 있는 센서입니다. 이 센서를 이용하면 컬러를 인식하여 그에 따라 동작을 취할 수 있습니다. 예를 들어, 주차장에 색을 표시하여 창의설계 코딩 키트가 주차할 수 있는 곳에서만 주차할 수 있습니다.

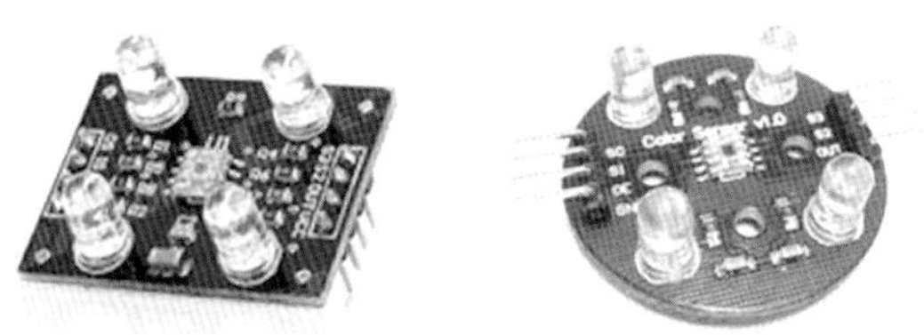

A-6. 심장박동 패턴 센서

심장박동 패턴 센서는 사람의 심장박동 패턴을 감지할 수 있는 센서입니다. 이것을 이용하면 보건소에 있는 심장박동 측정기를 만들 수도 있고, 거짓말 탐지기도 만들 수 있습니다.

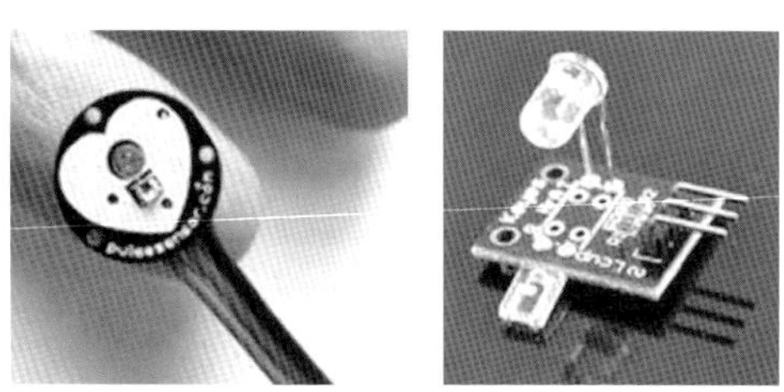

A-7. 수분 감지 센서

워터 센서는 직접적으로 물이 닿았을 때를 감지하는 센서입니다. 이것을 이용하면 물탱크나 배관에 부착하여 누수를 감지하는 장치를 만들 수 있습니다.

A-8. 불꽃 감지 센서

불꽃 센서는 불꽃의 특정 파장을 감지하여 불꽃을 감지할 수 있는 센서를 말합니다. 이것을 이용하여 화재를 알려주는 화재 경보 장치를 만들 수 있습니다.

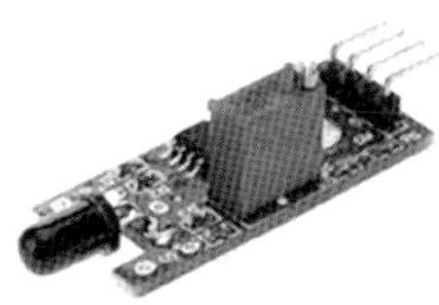

A-9. 압력 센서

압력센서는 누르는 힘을 측정할 수 있는 센서입니다. 이것을 이용하여 악력기를 만들 수 있습니다. 또한, 누르는 힘에 따라 창의설계 코딩 키트의 속도를 제어할 수 있습니다.

A-10. 근육 센서

근육 센서는 사람이 근육을 사용할 때 발생하는 일정한 패턴을 감지하여 전기적 신호로 바꾸어 주는 역할을 합니다. 근육 센서와 기울기 센서를 사용자의 팔에 밴드 형식으로 붙이고, 팔의 위치를 바꾸거나 힘을 주는 것에 의해 창의설계 코딩 키트를 조정할 수 있습니다.

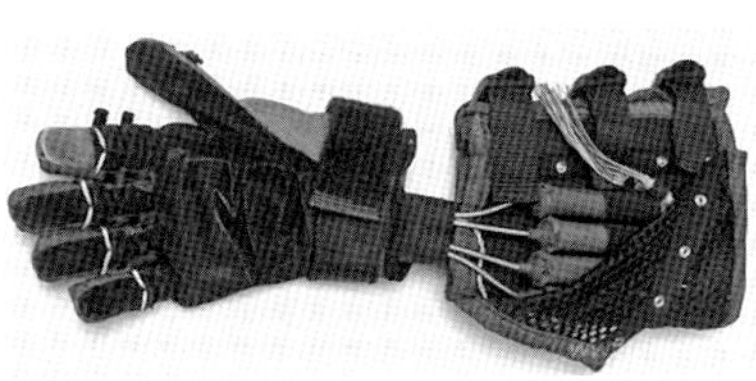
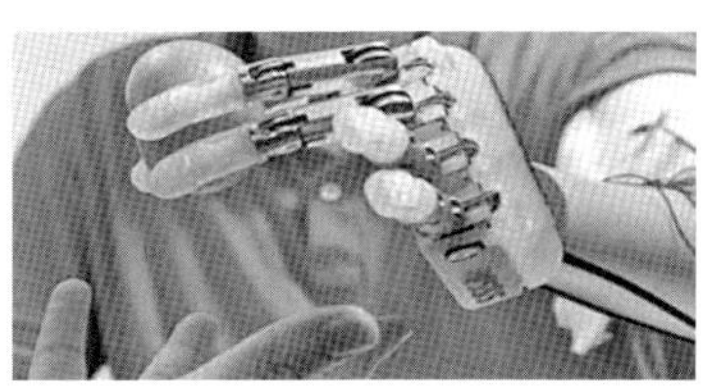

창의설계 능력을 키우는

아두이노 코딩

2021년 8월 25일 1판 1쇄 인 쇄
2021년 9월 1일 1판 1쇄 발 행

지 은 이 : 박 신 성

펴 낸 이 : 박 정 태

펴 낸 곳 : **광 문 각**

10881
경기도 파주시 파주출판문화도시 광인사길 161
광문각 B/D 4층
등 록 : 1991. 5. 31 제12-484호
전 화(代) : 031-955-8787
팩 스 : 031-955-3730
E-mail : kwangmk7@hanmail.net
홈페이지 : www.kwangmoonkag.co.kr

ISBN : 978-89-7093-550-8 93560

값 : 17,000원